우리에게는
수학적 사고가
필요하다

우리에게는 수학적 사고가 필요하다

생각의 힘을 기르는 48가지 사고법

후카사와 신타로 지음
이용택 옮김

왜 '지금' 수학적 사고가
필요한가?

'정답 찾기'를 그만두자

세상의 속도는 점점 빨라지고 있다.

요즘에는 손가락만 까딱하면 음식이 총알처럼 배달된다. 음식 맛과 함께 배달 속도 역시 고객 만족도와 직결된다. 온라인 회의를 하는 이유도 빠르기 때문이다. 시시각각 변화하는 세상은 업무 방식뿐 아니라 인생과 가치관도 송두리째 뒤흔들어놓았다. 1년 전의 성공 법칙이 더는 통용되지 않는다.

이런 시대에 '정답'을 찾아서는 안 된다. 애초에 '정답' 따위는 존재하지 않는다. 정답을 찾기보다 스스로 깊이 올바르게 생각해서 자신만의 답을 내놓아야 하는 시대다. 답을 찾기보다 스스로 만들어가야 한다.

시대적 변화를 가속하는 변수도 생겼다. 바로 코로나 사태다. 이로 인해 극적인 변화에 직면한 사회에서는 '자생력'을 갖춘 회사와 그러지 못한 회사의 차이가 더욱 벌어질 것이다. 개개인의 '능력'에 따른 차이 역시 마찬가지다.

이런 시대를 살아가야 하는 우리에게 필요한 것은 운이나 인맥, 잔재주에 좌우되지 않는 확실한 '자생력'이다. 나는 그 자생력을 '스스로 깊이 올바르게 생각하는 힘'이라고 정의한다.

스스로(自) +
살아가기(生) 위해 +
생각하는 힘(力) =
자생력(自生力)

'수학적으로 머리 쓰는 법'을
익혀야 하는 이유

자기만의 답을 내놓기 위해서는 스스로 깊이 올바르게 생각해야 한다. 사실 이 행위는 이미 어린 시절 '수학 수업'을 통해 경험한다. 그렇다고 '어른이 된 지금 수학을 다시 공부하자'고 제안하는 것은 아니다. '학문'을 목적으로 삼는 게 아닌 이상, 이제 와서 수학 문제를 또 풀 필요는 없다. 하지만 수학 문제를 풀 때 사용했던 '수학 머리'는 다시 활용해야 한다.

수학 문제 풀이법이 아니라, 수학적으로 머리 쓰는 법을 배워야 한다. 스스로 답을 내놓아야 하는 세상에서 살아가는 사람을 위한 수학적 사고 말이다.

이 책에서는 수학적 사고를 '정의' '분해' '비교' '구조화' '모델화'라는 다섯 가지 사고법으로 나누고, 각 사고법을 기를 수 있는 연습 문제도 소개한다.

이 과정을 통해 사람들은 다음 세 가지를 얻을 수 있다.

· 스스로 납득할 만한 결론(답)을 낼 수 있다.

· 그 결과, 행동할 수 있다.

· 그 결과, 풍요로움을 손에 넣을 수 있다.

조금 더 구체적으로 표현하면 다음과 같다.

· 쓸데없는 생각이나 논의를 하지 않는다.

· 어려운 문제를 간단히 풀 수 있다.

· 주관적이고 표면적인 생각이 아니라, 논리적인 고찰을 할 수 있다.

· 진리와 본질을 파헤칠 수 있다.

· 법칙을 보여줌으로써 설득력 있게 설명할 수 있다.

'비즈니스 수학 교육'의 힘

나는 일본 유일의 비즈니스 수학 교육가다. '비즈니스 수학 교육'이란 수학적 사고와 수학적 의사소통이 가능한 사람을 육성하는 분야다. 이 영역에서 대기업 연수, 비즈니스 스쿨 강의, 집필과 언론 활동, 비즈니스 수학 강사 육성 등 다양한 활동을 하고 있다.

나 역시 10년 이상 회사원 생활을 했다. 신입 사원부터 관리직까지 직장 생활이 어떤지 절실히 이해한다. 직장인이 원하는 것은 수학 실력이 아니라 업무 성과를 올리기 위한 해결책임을 잘 알고 있다.

많은 직장인이 '답'을 만들어내는 방법을 원한다. 그러지 못하면 스스로 행동할 수 없고 남을 움직일 수도 없기 때문이다. 스스로 행동하거나 남에게 행동을 시켜야만 성과가 나오는 법이다. 그리고 성과가 나와야 인생이 풍요로워진다.

덧붙여, 나는 학자가 아니라 교육자다. 일반적으로 학자는 학문의 재미와 깊이를, 교육자는 인간의 변화를 중요시한다. 학자에게는 '학문'이 주인공이지만, 교육자에게는 '인간'이 주인공이다. 나는 교육자로서 사람의 능력을 끌어내는 데 주안점을 두기 때문에 이 책을 통해 최대한 여러분이 원하는 바를 제공하기 위해 노력할 것이다.

나는 지금까지의 경험을 통해 직장인들의 생생한 고민과 생각을 이해하고 있으며, 특히나 수학과 인연이 없는 사람들의 심정과 처지를 잘 알고 있다. 덕분에 여러 가지 문제와 사례를 담아 지루하지 않고 즐겁게 읽을 수 있는 책을 완성했다.

그러니 마지막으로 하고 싶은 말은 부디 '비즈니스 수학 교육의 힘'을 믿어달라는 것이다. 수학적 사고를 기르면 분명 커다란 변화를 경험할 것이다.

이 책의 구성

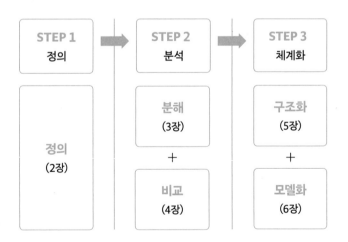

이 책은 제1장부터 제6장까지 있다. 제1장에서는 다섯 가지 사고법으로 정리할 수 있는 수학적 사고에 대해 명확히 설명한다. 제2장부터 제6장까지는 다섯 가지 사고법을 트레이닝할 수 있는 내용으로 구성했다.

거듭 말하지만, 이 책은 수학 학습서가 아니다. 따라서 수학에 거부감이 있는 사람도 별 무리 없이 읽을 수 있다. 혹시 너무 바빠 전체 내용을 읽을 시간이 없다면 제1장만이라도 읽어봤으면 좋겠다. 수학적 사고가 대체 무엇인지 올바로 아는 것만으로도 인생에 좋은 영향을 받을 수 있다.

과거 성공 법칙이 더는 통용되지 않고, 미래가 보장된 길도 존재하지 않는다. 이처럼 불확실한 현재를 살아가는 지금, 우리는 사회에 필요한 사람이 되기 위해 발버둥치고 있다. 이 책을 손에 든 당신도 그중 한 명일 것이다. 자, 이제 페이지를 넘겨 본문으로 들어가 보자.

후카사와 신타로

이 책에서는 수학적 사고를 트레이닝하기 위한 연습 문제를 다수 준비했다. 몇 가지 먼저 소개할 테니, 한번 도전해보자. 문제를 보는 순간 답이 떠오르지 않아도 괜찮다. 본문에서 상세히 설명할 테니 말이다.

Q. 만약 당신이 회의를 진행해야 한다면, 그 회의에서 가장 먼저 할 일은 무엇인가?

_____

_____

_____

Q. 인공지능이 당신의 신용 점수를 '55'로 판정했다. 이 점수를 듣고 가장 먼저 떠오른 생각과 해야 할 일은?

_____

_____

_____

_____

Q. 이자카야의 '술'과 닮은 것(언뜻 달라 보여도 실은 구조가 같은 것)을 말해보시오.

_____

_____

_____

_____

_____

Q. '좋은 인재'란 어떤 사람을 가리키는 것인가? 사칙연산 (+, −, ×, ÷)을 사용해 표현하시오.

_____

_____

_____

_____

_____

_____

차례

제1장
'수학적 사고'의 정체

인생을 바꾸는
다섯 가지 사고 회로

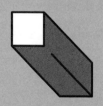

'질문'에서부터
시작하자

'수학적 사고란 무엇인가?' 이 질문에서부터 이야기를 시작하고자 한다. 나는 '○○란 무엇인가?'라는 질문이 인간에게 매우 중요하다고 생각한다. '연애란 무엇인가?', '취업 준비란 무엇인가?', '출퇴근이란 무엇인가?'······.

연애가 무엇인지 자기 나름의 분명한 답을 가지고 있는 사람, 즉 자신만의 확고한 연애관을 지닌 사람일수록 올바른 연애를 할 가능성이 크다. 또한, 취업 준비의 의미를 명확히 아는 사람일수록 결과적으로 원하는 곳에 입사할 확률이 높다. 날마다 만원 전철에 시달리며 출퇴근하는 것에 의문을 품는 사람이라면 자신의 업무 방식을 완전히 새로 고칠 수 있을지도 모른다. 이처럼 '○○란 무엇인가?'라는 질문은 인생에 커다란 영향을 끼치는 힘이 있다.

그렇다면 다시 '수학적 사고란 무엇인가?'라는 질문을 살펴보자. 원주율을 100 자릿수까지 외우는 게 수학적 사고인가? 2차 방정식의 '근의 공식'을 외우는 게 수학적 사고인가? 학창 시절에 수학 성적이 좋았던 친구는 수학적 사고가 몸에 배었다고 할 수 있을까?

내 대답은 모두 '아니요'다.

'수학적 사고의 정체', 이것이 제1장의 주제다. 그 정체를 밝혀야 비로소 우리는 '올바른 수학적 사고 트레이닝'을 할 수 있다. '올바른 수학적 사고'란 무엇인가? 본론으로 들어가 보자.

'수학적 사고'를 정의한다

수학의 특징은 무엇일까? 여러 가지 답이 나올 수 있다. 자유롭게 생각나는 대로 답을 말해보자.

지금까지 학생과 직장인을 상대로 '수학의 특징은 무엇인가요?'라고 질문했을 때 나온 답을 몇 가지 나열하면 다음과 같다. '계산을 많이 한다.' '반드시 정답이 있다.' '조금만 실수해도 틀린다.' '한번 틀리면 걷잡을 수 없이 계속 틀린다.' '공식을 외우면 어떻게든 풀 수 있다(의외로 암기 과목의 측면이 있다).' '아는 사람만 알고, 모르는 사람은 전혀 모른다.'…….

하나같이 저절로 고개가 끄덕여지는 답변들이다. 그런 의미에서 세상의 모든 사람은 수학에 관해 이미 잘 알고 있는 셈이다. 이를 전제로 '수학의 특징은 무엇인가?'라는 질문에 답을 내려보았다.

지금껏 내가 질문했을 때 이렇게 답한 학생이나 직장인은 한 명도 없었다. 정의는 뜻을 명백히 규정하는 것이다. 즉 '○○란 ~~이다.'라고 언어화하는 행위다.

만약 이와 같은 답변이 별로 와닿지 않고 이런 발상을 딱히 해본 적이 없다면, 이 책을 통해 새로운 관점을 만나게 될 것이다. 자신과 완전히 다른 발상을 하는 사람의 이야기는 새로운 깨달음을 낳는 계기가 된다. 그럼 이야기를 계속 진행해보자.

수학은 정의를 내려야만 비로소 시작할 수 있다. 예를 들어, '삼각형의 면적을 구하라.'라는 문제가 있다. 당신은 곧바로 '밑변×높이÷2'라는 공식을 떠올릴 것이다. 그런데 여기서 잠깐 생각해보자.

'애초에 삼각형이란 무엇인가?'

이 질문에 어떻게 대답할 것인가? 세모 모양의 도형?

그러면 세모란 무엇인가? 일상생활에서는 이렇게 말꼬리 잡고 늘어지는 사람을 별로 좋아하지 않는다. 하지만 수학에서는 이것이 목숨과도 같은 행위다. 삼각형의 정체를 제대로 언어화하지 않고서는 삼각형의 면적을 구할 수가 없다.

'삼각형이란 무엇인가?'라는 질문에 대한 수학의 일반적인 정답은 '동일 직선상에 있지 않은 세 점과 그 점들을 잇는 세 선분으로 이루어진 다각형'이다. 삼각형이라는 도형을 설명하는 데 '세 각'이라는 표현은 필요 없다. 실제로 삼각형의 면적을 구하는 공식은 '밑변×높이÷2'일 뿐, 각도의 수치는 사용하지 않는다.

여기에서 말하고 싶은 것은 '수학은 정의를 내려야만 비로소 시작할 수 있다'는 사실이다. 따라서 이 책에서도 가장 먼저 '수학적 사고'를 정의하고자 한다. 그러지 않으면 이 책은 시작조차 할 수 없다. 다음 한 줄이 '수학적 사고'에 관해 내가 내린 정의다.

수학적 사고란 '수학을 할 때 머릿속에서 하는 행위'다.

당연한 말처럼 들리겠지만, 간과해서는 안 되는 내용이다. 머릿속에서 하는 행위라는 말은 기본적으로 팔다리를 사용하는 것도 아니고, 전자계산기 같은 사물이 대신 할 수 있는 것도 아니며, 오직 사람의 머리로만 할 수 있는 행위라는 뜻이다. 이처럼 명확하게 언어화하면 용어의 애매함이 사라진다. 이것이 바로 정의의 힘이다.

이런 식으로 '면적'도 정의해보자. '면적'을 정의하기 전에 '면'이란 무엇인지부터 숙고해봐야 하니 의외로 어려울지 모른다. 하지만 각자 나름대로의 대답을 내려보자.

'수학적 사고'를
수식으로 설명한다

나는 기본적으로 무엇이든 결론부터 말하는 사람이다. 책 쓸 때도 그렇고, 기업 연수회에서도, 인터뷰에서도 마찬가지다. 그러므로 첫머리에 들었던 '수학적 사고란 무엇인가?'라는 질문에 대한 나의 답변(결론)을 아래와 같이 먼저 제시하겠다.

(※)

수학적 사고

= {정의} × {분석} × {체계화}

= {정의} × {(분해) + (비교)} × {(구조화) + (모델화)}

갑자기 수식이 등장해서 당황했는가? 상세히 설명할 테니 걱정하지 않아도 된다. 일단 '+'와 '×' 같은 기호가 등장하는데 '+'는 서로 다른 것을 합친다는 의미고, '×'는 서로 다른 것을 조합해 상승효과를 일으킨다는 의미다. 예를 들어, 트럼프 카드 무늬는 네 종류로 이루어져 있다. 이것은 다음과 같이 표현할 수 있다.

트럼프 카드 = ♠ + ♣ + ♡ + ◇

한편 서로 다른 비즈니스 분야가 협업할 때는 그 개념을 '×'로 표현하는 경우가 있다. 예를 들어, 2020년 6월에 의류 브랜드 유니클로(UNIQLO)와 띠어리(Theory)가 협업을 발표했는데, 그 소식을 알리기 위한 보도자료에 다음과 같은 표현이 쓰였다.

UNIQLO × Theory

이처럼 서로 다른 것을 조합해 상승효과를 일으킬 때, 우리는 그것을 곱셈으로 파악한다. 상승효과는 어느 한쪽이 존재하지 않으면(즉, 0이라면) 아무것도 이루어지지 않는다(즉, 답도 0이 된다)는 것을 의미한다. 위의 'UNIQLO×Theory'도 두 브랜드 모두 협업할 의사가 있었기 때문에 성립한 것이지, 어느 한쪽이 동의하지 않았다면 불가능했을 것이다. 다시 말해, 한쪽이 거부했다면 이 협업은 존재할 수 없었다(답이 0이 된다). 0에 어떤 수를 곱해본들 답은 0이다. 이것은 이미 모두가 알고 있는 곱셈의 성질이다.

26페이지의 (※)를 다시 보기 바란다. 여기서 '정의', '분석', '체계화'는 조합해서 상승효과를 일으키는 관계를 의미한다. 그리고 '분석'은 '분해'와 '비교'로 구분할 수 있고, '체계화'는 '구조화'와 '모델화'로 구분할 수 있다. 어쩌면 숫자가 아닌 단어로 만든 수식에 위화감을 느낄지도 모른다. 하지만 단어로 만든 수식은 숫자로 만든 수식과 구조적으로 똑같다.

$$154$$
$$= 2 \times 7 \times 11$$
$$= 2 \times (3+4) \times (5+6)$$

154는 2, 3, 4, 5, 6이라는 다섯 종류의 수를 더하거나 곱해서 만들어낸 수다. 이와 마찬가지로, 수학적 사고는 정의, 분해, 비교, 구조화, 모델화라는 다섯 종류의 개념을 단순히 합치거나(덧셈), 조합해서 상승효과를 일으킴으로써(곱셈) 만들어낸 상위 개념이라고 할 수 있다.

'정의', '분해', '비교', '구조화', '모델화'

우리는 이제부터 앞서 이야기한 다섯 종류의 개념을 이해해야 한다. 수학적 사고는 이 다섯 가지 개념으로 이루어졌기 때문에, 이를 이해하지 못하면 당연히 수학적 사고도 이해할 수 없다.

〈정의〉

규정하기. '○○는 ~~이다.'라고 언어화하는 행위.

(예) 돈은 신용이다.

(예) 돈은 생활하기 위한 필수품이다.

〈분해〉

잘게 나누기. 사칙연산(+, −, ×, ÷)으로 사물의 내용을 파악하는 행위.

(예) (매출액) = (객단가) × (고객 수)

(예) (이익률) = (매출액 − 비용) ÷ (매출액)

〈비교〉

서로 다른 것을 견주기. 실낭석인 닭고 석음과 정성적인 상이점을 밝히는 행위.

(예) 그 두 사람 중 누가 더 나이가 많은가?

(예) 그 두 사람 중 누가 더 멋있는가?

〈구조화〉

사물을 구조로써 설명하기. 구체적인 것을 추상화하는 행위.

(예) 형제 관계는 자매 관계와 같은 구조다.

형:남동생 = 언니:여동생

(예) 적도의 길이를 재는 문제는 원둘레의 길이를 재는 문제
와 같은 구조다.

〈모델화〉

서로 다른 것을 관련짓기. 성질을 끌어내서 일반적인 모델
로 만드는 행위.

(예) 의사소통의 양이 많을수록 신뢰 관계가 강해진다.

(예) 남들과의 접촉 횟수가 늘어나면 감염증 확산 속도는 급
증한다.

그리고 수학적 사고는 다음과 같은 흐름으로 머리를
쓰는 것이다.

● STEP 1. 정의

'지금부터 생각할 대상 A를 명확히 언어화한다.'

↓

● **STEP 2. 분석(분해 & 비교)**

'A의 특징을 찾아낸다.'

↓

● **STEP 3. 체계화(구조화 & 모델화)**

'A의 정체를 누구나 알 수 있도록 밝혀낸다.'

물론 위와 같은 설명만으로 완벽히 이해하기는 힘들나. 나씻 가시 개넘이 어떻게 수학적 사고를 구성하고 있을까? 왜 이런 흐름으로 머리를 써야만 할까? 위의 설명만으로는 구체성이 떨어진다. 이럴 때 필요한 것이 '구체적인 예'다.

돌이켜보면 학창 시절 수학 교과서에서도 복잡한 공식이나 풀이 방법을 설명할 때 이해를 돕기 위해 예제를 한가득 실어주었다. 마찬가지로, 여기에서도 몇 가지 예를 들고자 한다.

'수학을 한다는 것'이란 무엇인가?

많은 이들이 한두 번의 아르바이트 경험은 가지고 있을 것이다. 그래서 다음과 같은 질문을 만들어보았다('질문'에서부터 시작한다는 점을 알아두기 바란다).

연습 문제

'아르바이트 급여'란 무엇인가? 수학적으로 설명하시오.

학생이든 직장인이든 한 번쯤 생각해본 문제일 텐데, 아마 대부분은 다음과 같이 답할 것이다.

급여는 시급과 근무 시간을 곱한 금액이다.

물론 이게 정답이다. 나도 이것 외에 다른 답은 떠오르지 않는다. 다만 여기서 중요한 것은 이 답을 유도해낸 과정이다. 너무 간단한 문제라 순간적으로 답을 내놓았을지도 모른다. 하지만 사실 그 짧은 순간에도 머릿속에서 분명히 아래와 같은 수학적 사고를 했을 것이다.

'아르바이트 급여란 무엇인가?'라는 '질문'이 있다.

⬇

● **STEP 1. 가장 먼저 '아르바이트 급여'를 정의한다.**
'아르바이트 급여'란 아르바이트하면 벌 수 있는 돈이다.(정의)

⬇

● **STEP 2. '아르바이트하면 벌 수 있는 돈'을 분석한다.**

제1장 '수학적 사고'의 정체

벌 수 있는 돈을 정하는 것은 '시급'과 '근무 시간'이라고 이해한다.(분해)

↓

● **STEP 3. 어떤 아르바이트든 동일하게 설명할 수 있도록 체계화한다.**

'아르바이트 급여'를 Y, '시급'을 A, '근무 시간'을 B라고 하면 Y는 A와 B의 곱이라는 구조를 지닌다.

Y = A x B(구조화)

혹은 다음과 같은 수학적 사고를 했을 수 있다.

'아르바이트 급여란 무엇인가?'라는 '질문'이 있다.

↓

● **STEP 1. 가장 먼저 '아르바이트 급여'를 정의한다.**

'아르바이트 급여'란 아르바이트하면 벌 수 있는 돈이다.(정의)

↓

- **STEP 2. '아르바이트하면 벌 수 있는 돈'을 분석한다.**

    근무 시간이 짧을 때보다 길 때 더 많은 금액을 번다고 이해한다.(비교)

⬇

- **STEP 3. 어떤 아르바이트든 동일하게 설명할 수 있도록 체계화한다.**

    '아르바이트 급여'를 Y, '시급'을 A, '근무 시간'을 B라고 하면 B와 Y는 비례 관계이고, Y=AxB라는 형태(모델)로 표현할 수 있다.(모델화)

아마 여러분도 위와 같은 사고 과정을 밟았을 것이다. 이렇듯 수학적 사고는 정의하고, 분석하고, 체계화하는 행위를 가리킨다. 더 구체적으로는 '정의' '분해' '비교' '구조화' '모델화'를 조합함으로써 답을 도출하는 행위다. 여기까지가 26페이지에서 제시한 수식(※)의 '구체적인 예'였다.

수학적으로 머리 쓰는 법은
다양한 상황에서 필요하다

수학을 한다는 것은 단순히 공식을 암기해 계산 문제를 푸는 기계적인 작업이 아니다. 앞의 예에서 확인한 것처럼 '아르바이트 급여란 무엇인가?'라는 형태의 문제를 깊고 올바르게 생각해 답을 내는 행위다.

인생에서 수학을 통해 계산 문제를 풀 일이 얼마나 있을까. 그러나 수학적으로 머리 쓰는 법은 활용할 일이 많다. 예를 들어, 직장인은 회사에서 의사결정이 필요한 상황과 숱하게 맞닥뜨린다.

가령 신입 사원을 채용하는 면접관이라고 하자. 채용 여부를 판단하는 일은 실로 중요한 의사결정 업무다. 이때 면접관의 생각은 '좋은 신입 사원이란 어떤 사람인가?'라는 질문에서부터 시작한다. '좋은 신입 사원'이란 '의사소통 능력이 뛰어나고, 3년 후 회사에서 자신의 입지를 확고히 다지겠다는 구체적인 포부를 품고 있는 사람'이라고 정의한다면, 그 조건은 '의사소통 능력(X)'과 '3년 후의 포부(Y)'로 분해할 수 있다.

그리고 X와 Y를 비교해서 어느 쪽의 우선순위가 높은지 평가한다. 만약 X의 우선순위가 높다면 'X와 Y를 갖춘 인재를 채용하되, X의 소양이 더 높은 인물을 우선시한다.'라는 뚜렷한 기준(모델)을 얻을 수 있다. 이러한 모델이 생겨난 덕분에 의사결정도 명확히 할 수 있고 답도 내놓을 수 있다.

수학 문제를 푸는 법은 필요 없지만, 위와 같이 수학적으로 머리 쓰는 법은 인생에서 매우 중요하다. 만약 당신이 직장인이라면 수학적으로 생각하지 않는 날이 하루도 없을 것이다. 이것이 나의 지론이다.

여담인데, 수학을 잘 이해하는 사람은 '수학과 철학이 닮았다.'라는 취지의 말을 자주 한다. 철학은 인생, 세상, 사물의 근원과 원리를 이성적으로 파고드는 학문이다.

'연애란 무엇인가?' '취업 준비란 무엇인가?' '출퇴근이

란 무엇인가?' '아르바이트 급여란 무엇인가?' '좋은 신
입 사원이란 무엇인가?' 등 지금까지 제기해온 위와 같은
'질문'들 역시 근원과 원리를 요구하는 것이다. 이것이 '수
학과 철학은 닮았다.'라고 말하는 이유다.

그럼 복습으로 연습 문제를 하나 풀어보자.

연습 문제

'마름모꼴 면적 구하는 법'을 초등학생에게 설명하시오.

실제로 계산할 필요는 없다. 이것은 초등학생에게 설명할 때 '정의' '분해' '비교' '구조화' '모델화'를 제대로 사용할 수 있는지 확인하는 문제이기 때문이다. "면적이 뭔데요?"라는 질문을 아무렇지도 않게 던지는 초등학생에게는 제대로 설명해주기가 의외로 까다롭다.

'마름모꼴 면적 구하는 법'을 초등학생에게 설명하라는 질문이 있다.

↓

● **STEP 1. 가장 먼저 '면적'을 정의한다.**

'면적'이란 평면도형의 크기를 나타내는 양을 뜻한다.(정의)

↓

● **STEP 2. '주어진 도형'을 분석한다.**

네 개의 직각삼각형으로 분해할 수 있다.(분해)

네 개의 직각삼각형은 모두 같은 면적이다.(비교)

↓

● **STEP 3. 구조를 파악하고 면적을 구한다.**

네 개의 직각삼각형을 재배열하면 직사각형으로 변환된다. 직사각형의 면적은 (세로의 길이)×(가로의 길이)로 구할 수 있다.

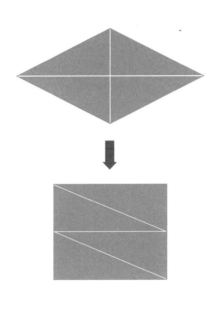

'수학적 사고란 무엇인가?'라는 질문의 답을 수학적 사고로 도출한다

제1장을 마무리하면서 '제1장' 전체가 수학적이었다는 사실도 설명하겠다. 제1장의 정체를 밝히는 것은 곧 수학적 사고의 정체를 밝히는 것이기도 하다.

'수학적 사고란 무엇인가?'라는 질문이 있다.

↓

● **STEP 1. 수학적 사고를 정의한다.**

수학적 사고는 '수학할 때 머릿속에서 하는 행위'다. (정의)

↓

● **STEP 2. '수학을 한다.'라는 행위를 분석한다.**

행위는 '정의' '분석' '체계화'라는 세 가지 과정이 있다.(분해)

분석이라는 행위는 '분해'와 '비교'로 구분할 수 있다.(분해)

체계화라는 행위는 '구조화'와 '모델화'로 구분할 수 있다.(분해)

↓

- **STEP 3. 어떤 경우에도 동일하게 설명할 수 있도록 수학적 사고를 체계화한다.**

수학적 사고는 '정의' '분석' '체계화'를 조합해서 행하는 것이므로 곱셈의 구조다.(구조화)

분석에서 '분해'와 '비교'는 덧셈의 구조고, 체계화에서 '구조화'와 '모델화'도 덧셈의 구조다.(구조화)

↓

따라서 수학적 사고는 일반적으로 (※)처럼 설명할 수 있다.

(※)

수학적 사고

= {정의} × {분석} × {체계화}

= {정의} × {(분해) + (비교)} × {(구조화) + (모델화)}

여러분은 수학적 사고와 아르바이트 급여의 예가 동일한 구조라는 사실을 알아차렸을 것이다. 이런 사고 역시 구조화다. 이렇게 어떤 문제를 수학적으로 풀 때 머릿속에서 일어나는 일은 모두 {정의}×{분석}×{체계화} 혹은 {정의}×{(분해)+(비교)}×{(구조화)+(모델화)}로 설명할 수 있게 되었다. 마지막으로 한번 더 정리해보자.

정의: 'A는 어떠어떠한 것'이라고 규정한다.
분석: A가 어떤 성질을 가졌는지 파악한다.
체계화: 결국 A는 어떤 구조(모델)인지 명확히 밝힌다.

'수학을 한다'는 것은 정의를 내린 후 분석하고 체계화함으로써 누구나 이해할 수 있도록 설명하는 행위다. 단순히 공식을 암기해 계산 문제를 푸는 기계적인 작업이 결코 아니다.

'수학적 사고 트레이닝'의 개념도 이런 관점에서 이해해야 한다. 이 책을 읽기 전에 여러분이 생각하던 '수학적 사고 트레이닝'은 아마 다음과 같았을 것이다.

· 스도쿠 같은 수학 게임을 열심히 푼다.

· 논리 퍼즐을 앞에 두고 끙끙 고민한다.

· 학창 시절 교과서나 참고서를 펼쳐 수학 문제를 다시 풀어본다.

위와 같은 행위가 결코 무의미하다고는 할 수 없다. 다만 내가 생각하는 수학적 사고 트레이닝과는 거리가 멀다. 나에게 '올바른 수학적 사고 트레이닝'이란 앞서 소개한 다섯 가지 개념을 양질의 질문과 함께 훈련하는 것이다.

그래서 이어지는 내용에서 정의, 분해, 비교, 구조화, 모델화에 대해 더 자세히 설명할 예정이다. 당연히 연습 문제도 함께 준비했다. 이제부터가 진짜 본론이니, 수학적 사고를 즐겁게 키워보기 바란다.

Note

제2장
정의

무엇부터
시작하면 좋은가?

'그러한 것'과 '그렇지 않은 것'

수학은 정의를 내리지 않으면 시작할 수 없는 학문이다. '소수(素數)'를 예로 들어보자. 수학에 익숙한 사람은 소수가 지닌 매력에서 아름다움과 우아함을 느낄지도 모른다. 하지만 그렇지 않은 사람은 다음과 같은 질문을 먼저 던질 것이다.

"소수란 게 뭐지?"

소수는 1보다 큰 자연수 중에서 1과 그 자신 외에 양의 약수를 지니지 않는 수다. '양의 약수가 두 개밖에 없는 자연수'라고 바꿔 말해도 문제없다. 가장 작은 소수는 2이며, 그다음으로 3, 5, 7, 11……등이 소수에 해당한다.

여기에서 이야기하려는 것은 '소수의 매력'이 아니다.

소수를 정의하지 않고서는 소수의 매력을 찾을 수도 느낄 수도 없다는 사실이다. 이 점을 올바로 이해하기 위해, 정의라는 행위를 조금 더 구체화해보자. 애초에 정의라는 말 자체가 잘 이해되지 않는 독자도 분명히 있을 것이다. 그래서 지금부터 '정의한다는 것'을 정의해보겠다.

사물을 정의한다는 것은 '그러한 것'과 '그렇지 않은 것'을 확실히 분류하는 규칙을 명문화하는 행위다. 이것이 내가 내린 '정의'의 정의다.

방금 말한 소수의 정의를 다시 살펴보자. 소수는 1보다 큰 자연수 중에서 1과 그 자신 외에 양의 약수를 지니지 않는 수다. 이렇게 명문화하면 2는 소수이지만(1, 2가 약수) 4는 소수가 아니라는 점(1, 2, 4가 약수)이 누구에게나 명확해진다. 즉, 소수를 정의한다는 것은 '소수이면서 동시에 소수가 아닌 것'이 존재하지 않도록 하는 행위라고도 할 수 있다.

제1장에서 등장한 삼각형의 정의도 다시 살펴보자. 만약 삼각형을 '세 각으로 이루어진 도형'이라고만 정의한다면 다음과 같은 도형도 삼각형이 되고 만다.

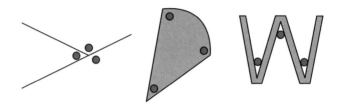

이것은 우리가 인식하는 삼각형이 아니다. '세 각으로 이루어진 도형'이라는 정의로는 '삼각형'과 '삼각형이 아닌 것'을 확실히 분류할 수 없다.

'소수이면서 동시에 소수가 아닌 것'
'삼각형이면서 동시에 삼각형이 아닌 것'

이러한 것을 인정해버리면 수학이라는 학문은 성립하지 못한다. 그러므로 수학에서는 정의가 곧 목숨과도 같다. 수학적 사고를 익히려면, 가장 먼저 정의가 곧 목숨임을 마음속 깊이 새겨야 한다.

'목숨'이라는 표현이 너무 거창하다고 느끼는 사람도 있을 것이다. 하지만 수학의 세계와 현실의 인간 사회는 전혀 다르다. 현실의 인간 사회에서는 선을 확실히 그어

분류할 수 없는 것들이 수두룩하다. 카레라이스는 매운 맛과 중간 맛의 경계를 확실히 긋기 어렵고, 일본 요리인지 인도 요리인지도 모호하다.

이처럼 불확실한 세계에 사는 인간이 확실하게 규정하는 행위를 하는 것은 생각처럼 쉬운 일이 아니다. 그러므로 시작 단계에서부터 '정의가 곧 목숨이다.'라는 비장한 각오가 있어야 수학적 사고를 익힐 준비가 된다.

'정의'를 내리지 않으면
무슨 일이 벌어질까?

정의를 내리지 않으면 어떤 불편함이 생길까? 만약 아무런 불편함도 못 느낀다면 이번 장을 읽을 필요도 없고, 애초에 수학적 사고를 익힐 필요조차 없을 것이다. 지금부터는 정의를 내리지 않으면 무슨 일이 벌어지는지 정확히 이해해보자.

결론부터 말하면, 정의를 내리지 않으면 '공통 인식의 결여'가 발생한다. 그것은 종종 사람을 불행하게 만든다. 물론 이런 설명만으로는 이해하기 힘드니 구체적인 예를 하나 들어보겠다.

'여자들의 수다 모임'에 참가해본 적이 있는가? 당신이 여자라면 한 번쯤 가본 경험이 있겠지만, 남자라면 대답은 '아니오'일 것이다. 뜬금없이 웬 당연한 이야기냐고 할지도 모르겠다. 하지만 정의의 의미를 설명하기 위해 남자들에게 묻고 싶다. 왜 '여자들의 수다 모임에 가지 않느냐'고.

제1장에서 설명했듯이 정의는 뜻을 명백히 규정하는 것, 다시 말해 '○○란 ~~이다.'라고 언어화하는 행위다. 즉, 다음의 빈칸을 채우는 행위이기도 하다.

'여자들의 수다 모임'이란 _____ 이다.

내 생각을 언어화한다면 '여자들의 수다 모임'이란 여성들만이 모여서 식사하거나 커피를 마시면서 정보 교환과 교류를 목적으로 수다 떠는 짧은 시간의 만남이다. 아마 다른 이들의 인식도 이와 별반 다르지 않을 것이다.

정의는 '그러한 것'과 '그렇지 않은 것'을 확실히 구별하는 행위다. 위의 정의대로라면 당연히 여성은 '그러한 것'에 속하고, 남성은 '그렇지 않은 것'에 속한다. '여자들의 수다 모임'의 일반적인 정의가 이렇게 때문에 남성은 '여자들의 수다 모임'에 가지 않는(갈 수 없는) 것이다.

또한 아무리 여성들만이 모여 있더라도 누군가가 무대에 나가 90분 동안 강연한다면, 그것은 더 이상 '여자들의 수다 모임'이라고 부를 수 없다. 그것은 '여성 한정 강연회'이다. '여자들의 수다 모임'은 어디까지나 몇 시간 동안 식사하면서 수다를 떠는 모임이다. 여자들끼리 숙박이나 취침을 함께하는 모임에 대해서는 '우정 여행'이나 '파자마 파티' 같은 또 다른 표현을 사용해야 한다.

그러한 것	그렇지 않은 것
여성	남성
여러 명	한 명
정보 교환이나 교류	상담이나 프레젠테이션
식사	취침
몇 시간	며칠

'여자들의 수다 모임'은 올바른 정의가 있어야 비로소 제대로 기능할 수 있다. 올바른 정의가 내려지지 않으면

남성이 참가할 수도 있다. 어쩌면 교류와 수다가 목적이 아니라 영업 목적이나 보험 가입을 권유하기 위해 참가하는 사람이 생길지도 모른다. 그것은 '여성들만이 모여서 식사하거나 커피를 마시면서 정보 교환과 교류를 목적으로 수다 떠는 짧은 시간의 만남'을 기대하던 사람을 실망하게 만든다. 더 나아가 그 모임에 참가한 모든 사람을 실망하게 만들 수도 있다.

이처럼 일상에서 제대로 정의를 내리지 않으면 '공통 인식의 결여'가 발생한다. 그것은 이따금 사람을 불행하게 만든다. 세상에 불행해지고 싶은 사람은 한 명도 없다. 그러므로 모든 사람은 정의하는 행위를 익혀야 하며, 남들이 내린 정의에 민감해져야 한다.

'휴일'을 정의해보자

앞으로의 인생에서 책상 앞에 앉아 수학 문제를 풀 일은 거의 없을 것이다. 그렇다면 정의하는 행위는 언제 필요할까? 바로 '일상생활' 전반에서다.

이 책은 사고 트레이닝이 목적이므로, 스스로 생각하는 것이 중요하다. 그런 의미에서 아주 요긴한 문제를 하나 내겠다.

연습 문제

'휴일'을 정의하시오.

_____

_____

정의는 뜻을 명백히 규정하는 것, 다시 말해 '○○란 ~~이다.'라고 언어화하는 행위다. 즉, 다음의 빈칸을 채우는 행위이기도 하다.

휴일이란 _____ 이다.

물론 여기에는 절대적인 정답이 없으며, 100명이 100개의 답을 내놓을지도 모른다. '휴일은 일하지 않는 날이다.' '휴일은 일할 힘을 비축하는 날이다.' '휴일은 가족에게 시간을 써야 하는 성가신 날이다.'······.

중요한 것은 답 자체가 아니다. 그 답에 이르기까지의 과정이다. 가령 당신이 '휴일은 일하지 않는 날이다.'라고 정의했다고 하자. 그 답은 다음과 같은 사고 과정으로 도출했을 것이다.

· 그러한 것 = '휴일'에 존재하는 것 = 일하지 않는 시간
· 그렇지 않은 것 = '휴일'에 존재하지 않는 것 = 일하는 시간

휴일에는 절대 일하지 않는다는 방침을 지닌 사람은 아마도 위와 같은 사고로 휴일을 정의했을 것이다. 더불어 휴일에는 일하지 않으며, 휴일 외에만 일한다고 확실히 선을 긋고 생활할 확률이 높다. 휴일에 대한 태도가 확실할수록 바람직한 휴일을 보낼 가능성도 커진다. 이처럼 일상생활에서 '확실히 정해두는 것'은 대부분 좋은 결과를 가져온다.

마케팅 분야에서도 타깃 고객이 누구인지 확실히 정해두어야 전략을 쉽게 짤 수 있다. 이것이 바로 고객을 정의하는 행위다. 만약 기업에서 신입 사원을 채용하는 면접관이라면, 입사 지원 동기가 확실한 지원자와 확실하지 않은 지원자를 바라보는 마음이 완전히 다를 것이다. 이처럼 공적으로든 사적으로든 '확실히 정해두는 것'은 인생을 풍요롭게 만들어준다.

· 정의는 곧 목숨이다.
· 정의한다는 행위는 '인생'에 커다란 영향을 끼친다.
· 정의한다는 행위는 '그러한 것'과 '그렇지 않은 것'을
  확실히 구분하는 행위다.

'처음부터 거의 정해두는 것'이
수학적으로도 타당하다

이어서 다음 문제를 준비해보았다. 만약 직장인이라면
이런 상황을 수없이 맞닥뜨렸을 것이다.

연습 문제

만약 당신이 회의를 진행해야 한다면, 그 회의에서 가장 먼저 할 일은 무엇인가?

_____

_____

_____

_____

각자의 경험을 떠올려보자. 이런 상황에서 무슨 일을 가장 먼저 할까? 물론 "회의에 따라 다르지."라고 말하는 사람도 있을 것이다. 그렇다면 가장 중요한 회의를 딱 하나 상정해보자. 만약 회의를 진행해본 경험이 없다면, 가까운 장래에 진행해야 할 회의가 있다고 가정해본다. 그리고 그 회의에서 가장 먼저 무엇을 할지 상상한다.

이 문제를 통해 전하고 싶은 메시지는 '회의를 정의하지 않는다면, 가장 먼저 해야 할 일을 정할 수 없다.'라는 것이다. 회의를 정의한다는 것은 무슨 뜻일까? 그것은 그 회의가 브레인스토밍 자리인지, 어떤 주제에 관해 의사결정을 하는 자리인지, 단순히 정보만 공유하는 자리인지 명확히 규정해야 한다는 뜻이다.

회의를 정의하면 자연스럽게 회의의 목적과 목표도 명확해진다. 또한 회의를 쉽게 설계할 수 있고, 결국 '회의에서 가장 먼저 해야 할 일'도 수월하게 정할 수 있다. 별생각 없이 기획하고 어찌어찌 참가자를 모으고 당일에도 목적이나 목표가 애매한 상태로 시작하는 회의는 흐지부지 끝나기 마련이다.

만약 진행할 회의를 '브레인스토밍 자리'로 정의한다

면, 먼저 회의에서 누구든지 의견을 스스럼없이 낼 수 있다고 공지하고, 발언 규칙과 종료 시각 등을 참가자들에게 이야기해줄 수 있다. 회의를 '의사결정 자리'로 정의한다면, 참가자들에게 결론을 내기 위해 목표와 관련 없는 발언을 하지 않도록 주의를 줄 수 있다. 마지막으로 회의를 '정보 공유 자리'로 정의한다면, 회의에서 토론이 필요 없다는 점을 참가자들에게 미리 알릴 수 있다.

회의를 어떻게 정의하는지에 따라 회의의 행방을 결정짓는 중요한 기준이 정해진다. 그 기준은 회의의 성공과 실패까지도 좌우하는 중요한 요소다. 이는 '공통 인식의 결여'를 방지하고 회의 목적과 목표를 '확실히 정해두는' 행위라고도 할 수 있다. 목적과 목표가 확실해지면 쓸데없는 고민, 불필요한 토론을 하지 않아도 된다.

이것은 회의에 한정된 이야기가 아니다. 나는 기업 연수 프로그램 진행이 본업인데, 당연히 연수마다 목적과 목표가 다르다. 의뢰를 받으면 가장 먼저 목적과 목표를 정하고 연수 프로그램을 짠다. 그 연수에서 내가 처음으로 꺼낼 말이나 참가자에게 처음으로 시킬 일도 그렇게 설계해나간다. 당연하지만, 마구잡이로 정하는 것은 아무엇도 없다. 그 연수를 정의함으로써 해야 할 일도 명확히 정할 수 있다. 처음에 정의를 제대로 내리지 않으면, 이후에 무엇을 할지 정할 수 없다. 그러므로 정의가 곧 목숨이다.

여담이지만, 꼭 비즈니스가 아니더라도 '처음부터 거의 정해지는' 사례가 흔하다. 예를 들어, 연애에서도 첫인상으로 상대에 대한 평가가 정해지는 경우가 (안타깝지만) 많다. 처음에 통하지 않으면 이후에는 아무리 노력해도 안 되는 일이 수두룩하다. 공적으로든 사적으로든 '처음'에는 민감해질 필요가 있다.

근본부터 재검토해보고
싶을 때의 사고법

수학은 반드시 정의에서부터 출발한다. 반대로 말해, 만약 정의를 바꾼다면 그 수학의 논의도 근본부터 달라진다는 뜻이다.

예를 들어, 내년에 전 세계적으로 (현실적으로는 있을 수 없지만) 삼각형의 정의가 달라진다고 하자. 그러면 무슨 일이 벌어질까? 수학자는 삼각형이라는 도형에 대해 근본부터 완전히 새롭게 연구해야 한다.

정의를 바꾼다 → 근본부터 달라진다

이것은 일상생활에서 흔히 벌어지는 일이다. 방금 다

룬 '휴일'의 정의에 관해 추가 문제를 준비해보았다.

A 씨는 '휴일은 가족에게 시간을 써야 하는 성가신 날이다.'라고 정의했다. 휴일에 대해 그다지 긍정적인 느낌이 없다. 이런 A 씨에게 '가족과 보내는 시간'에 긍정적인 의미를 부여하고 싶다. 과연 어떤 의미를 부여할 것인가?

A 씨가 휴일을 우울하게 느끼면 별로 행복할 수 없다. 휴일에 긍정적인 의미를 부여해 즐겁게 보낼 수 있도록 하고 싶다면? '부정적인 느낌'을 '긍정적인 느낌'으로 바

꿔야 한다. 이것은 매우 극적인 변화다. 실제로 그런 일이 가능할까? 나의 대답은 물론 'YES'다. 방법은 바로 정의를 바꾸는 것이다. 정의를 바꾼다는 것이 근본부터 달라진다는 의미이기에 가능한 일이다.

예컨대 A 씨가 가족을 '마음 놓고 일에 몰두할 수 있는 기반'이라고 정의한다면 어떨까? 가족과 관계가 나쁘면 일에도 악영향을 끼친다고 생각하는 것이다. 부부 사이가 나쁘거나, 아이와 대화가 없다거나, 집안 분위기가 가라앉아 있다면 A 씨의 정신 건강에 좋을 리가 없다. 아마도 사생활을 뛰어넘어 회사 생활에도 적잖이 악영향을 끼칠 것이다.

가정을 '일을 열심히 하기 위한 중요 토대'이자 업무에 필요한 인프라로 생각하도록 한다. IT 업무에서 서버가 필요하고, 식당을 경영할 때 주방이 필요하듯이, 직장인이 열심히 일하기 위해서는 가정이 필요하다. 이러한 인프라는 정기적으로 투자하고 보수하지 않으면 어느 날 갑자기 고장을 일으킬지도 모른다. 그것은 업무에 치명적인 손실을 초래한다.

또한 나는 A 씨에게 휴일을 '직장인으로서 열심히 일

하기 위한 투자와 재충전의 날'로 정의를 바꿔보라고 제안할 것이다. 그러면 휴일을 보내는 방법과 가족을 대하는 태도가 달라지고, 가족에게 쓰는 시간이 더는 아깝지 않게 된다. 애초에 가족에게 쓰는 시간을 아껴야 한다는 발상 자체가 잘못이라는 가치관으로 변화할 가능성도 크다.

인생을 바꾸고 싶다면
정의를 바꾸어라

'부정적인 느낌'이 '긍정적인 느낌'으로 달라질 정도의 극 적인 변화를 주고 싶을 때, 다시 말해 무언가를 근본부터 바꾸고 싶을 때, 수학적 사고를 활용한다고 설명했다. 그 기준으로 다음과 같은 주제를 생각해보자.

연습 문제

신입 사원이 회사를 그만두고 싶다며 말을 걸어왔다. 이유 를 묻자 '회사에 혹사당하는 것이 싫어서'라고 대답했다. 선배로서 회사를 그만두지 말라고 어떻게 설득할 것인가?

_____

_____

"나도 신입 때는 엄청 힘들었어."라는 한가로운 말로는 쉽게 설득되지 않는다. 이럴 때야말로 근본부터 재검토를 해야 한다.

근본부터 재검토한다 = 정의를 바꾼다

이 신입 사원에게는 회사와 업무를 새롭게 정의하는 과정이 필요하다. 나라면 다음과 같은 말을 건네줄 것이다.

"회사에 혹사당하는 것이 아니라, 네가 회사를 이용하고 있다고 생각하면 어떨까? 지금 상황에서만 깨달을 수 있는 점이 있어. 선배들을 잘 관찰해보면 성과를 내는 사람도 있고 못 내는 사람도 있어. 후배에게 잘 대해주는 사람도 있고 그러지 못하는 사람도 있어. 이렇게 신입의 시선으로 선배들을 분석해보면 앞으로 어떻게 일해야 할지 깨달을 수 있을 거야. 지금 '회사'를 다시 정의해봐. 회사는 '착취당하는 곳'이 아니라 '무언가를 배워나가는 곳'이고, '이용당하는 곳'이 아니라 '이용하는 곳'이라고."

물론 중요한 것은 내 대답이 아니라 여러분의 대답이다. 당신이라면 어떻게 말해줄까? 한 가지 확실한 것은 이러한 상황에서 신입 사원이 회사와 자신의 업무를 새롭게 정의한다면, 이후의 인생이 확 달라질 거란 사실이다.

인생을 바꾸고 싶다면 정의를 바꾸어라. 평소에 내가 학생이나 직장인에게 꼭 들려주는 말이다. 학생이나 직장인뿐 아니라 누구에게나 적용할 수 있는 말이기도 하다. 만약 벽에 부딪혀 좌절하고 있다면, 지금까지의 정의를 대담하게 바꾸어 새로운 길로 나아가는 것도 나쁘지 않다.

성과를 잘 내는 직장인을 판별하는 세 가지 질문

다양한 기업 연수회에서 강연을 하다 보면 관리직 직원을 대상으로 한 강연도 종종 하게 된다. 이때마다 나는 아래와 같은 세 가지 질문을 한다. 우선 이 질문에 각자의 답을 생각해보자.

성과를 잘 내는 직장인과 못 내는 직장인은 다음 질문들에 대한 답이 완전히 다르다. 도대체 어떤 차이가 있을까?

Q1. 당신의 업무는 무엇입니까?

Q2. 그 업무를 잘하고 있습니까?

Q3. 어째서 그렇게 말할 수 있습니까?

성과를 캐묻는 듯한 질문에 약간의 불쾌함을 느낄지
도 모른다. 실제 연수에서 세 가지 질문을 던지면 참가자
들은 매우 괴로운 표정을 짓는다. 나도 십여 년 동안 직
장 생활을 했기 때문에 그 마음을 모르는 바는 아니다.

그러나 나에게는 교육자로서 이런 질문을 던지고 직장인에게 깨달음을 주며 행동을 변화시킬 의무가 있다. 그래서 마음을 굳게 먹고 참가자에게 대답을 독촉할 수밖에 없다.

다시 본론으로 돌아가, 이 질문에 대한 대답으로 무엇을 알 수 있을까? 다음은 어느 기업의 관리직 직원이 적은 답안지다. 결론부터 말하자면, 이것은 성과를 내지 못하고 정체된 직장인의 전형적인 대답이다.

Q1. 당신의 업무는 무엇입니까?

→ 총무부장.

　부원의 업무를 효율적으로 만드는 일을 주로 함.

Q2. 그 업무를 잘하고 있습니까?

→ 그럭저럭 해나가고 있다고 생각함.

Q3. 어째서 그렇게 말할 수 있습니까?

→ (무응답)

사실 이 작업의 본질은 Q1의 대답에 있다. 질문은 세 가지이지만, 첫 질문에 어떻게 대답하는지만 봐도 나머지 대답을 대충 파악할 수 있다.

우선 총무부장에게 "총무부장이라는 명사는 업무가 아니고 직함이므로 올바른 답변이 아닙니다."라고 지적했다. 사소한 지적처럼 보일지 모르지만, 이런 부분에서 업무에 대한 그 사람의 가치관이 단적으로 드러난다.

그 사람은 안타깝게도 '총무부장'이 업무라고 생각하고 있었다. '당신의 업무는 무엇입니까?'라는 매우 간단한 질문에 한 치의 망설임 없이 직함을 써넣은 것이 그 증거다.

대작 영화를 만드는 사람들은 아마도 자신들의 업무를 '영화 제작'이라고 정의하지 않을 것이다. '영화를 통해 사람들에게 사회적 메시지와 감동을 전하는 일'을 자신의 업무라고 생각하지 않을까?

이어서 '효율적'이라는 표현도 지적했다. '효율적'이라는 말이 구체적으로 무엇인지 정의해야 한다고 말했다. 무엇을 효율적이라고 하는지, 무엇을 어떻게 해야 효율적으로 되는지 규정해야 한다. '그러한 것'과 '그렇지 않은 것'을 명백하게 구분할 수 있는 정의를 내리는 것이 중요하다.

실제로 총무부장은 Q2의 대답에서 애매한 표현밖에 쓰지 못했다. 게다가 Q3에는 아무런 답도 하지 못했다. 그 이유는 단 하나다. Q1에서 확실한 정의를 내리지 않았기 때문이다. 총무부장은 내 조언에 따라 세 가지 질문에 대한 답을 다시 썼다.

Q1. 당신의 업무는 무엇입니까?

→ 각 부원의 업무를 난이도와 중요도로 점수화(X)하고 그에 소요되는 시간(Y)으로 나눈 결과(X÷Y)를 업무의 효율이라고 정의한다. 상반기와 하반기의 수치를 비교해서 업무의 효율이 얼마나 개선되었는지 객관적으로 파악한다. 이를 토대로 되도록 짧은 시간에 어려운 업무를 처리할 수 있도록 지도한다.

Q2. 그 업무를 잘하고 있습니까?

→ 그렇다고 생각한다. 금년도 상반기와 하반기의 수치를 비

교함으로써 평가할 수 있다.

Q3. 어째서 그렇게 말할 수 있습니까?
→ 업무의 효율을 보여주는 (X÷Y)의 값이 증가할 것으로 예
　상하기 때문이다.

　효율화라는 매우 모호한 개념이 구체성을 띠기 시작
하면서 성공과 실패의 기준이 명확해졌다. 또한, 해야 할
일도 명확해지면서 쓸데없는 행동이 사라지고 꼭 필요
한 것만 할 수 있게 되었다. 얼마나 효율적인지도 확실한
수치로 제시했다. 이렇게 구체적으로 답안지를 작성할
수 있는 사람은 업무에서 성과를 내고 그 성과를 주변에
객관적인 수치로 보여주며 인정받는다.

　처음 답안지에서 총무부장이 '그럭저럭'이라는 표현을
사용한 것에도 주목해야 한다. 올바른 정의를 내리지 않
은 채 그럭저럭 시작한 일은 그럭저럭 끝나기 마련이다.

　이 사례를 통해 전하고 싶은 메시지는 단 하나다. 자
신의 업무를 어떻게 정의하느냐에 따라 그 사람의 업무

성과가 정해진다(어떤 일을 어떻게 정의하느냐에 따라 그 일의 운명이 정해진다).

이번 장에서 다룬 내용을 다시 정리해 보자. 정의는 '그러한 것'과 '그렇지 않은 것'을 확실히 구분하는 행위다. 정의를 내리지 않으면 공통 인식의 결여가 발생하면서 불편을 초래한다. 세상 모든 일은 대체로 가장 먼저 무엇을 하느냐에 따라 정해진다. 무언가를 극적으로 바꾸고 싶다면 근본부터 재검토하는 게 도움이 된다. 근본을 바꾼다는 것은 곧 정의를 바꾸는 것이다.

이러한 내용은 모두 앞선 세 가지 질문으로 집약된다. 세 가지 질문의 대답을 살펴보면(엄밀히 말해 Q1의 대답만 살펴보면) 그 사람이 성과를 내는 직장인인지 아닌지 분명히 판별할 수 있다. 뒤집어 말해, Q1의 대답만 바꾸면 극적인 변화가 찾아올 가능성이 커진다.

이번 장을 마무리하면서 몇 가지 자습 문제를 마련했다. 이 책의 독자는 직업, 나이, 상황 등이 다양하리라 생각한다. 자신에게 친숙한 주제를 골라, 가볍게 트레이닝한다는 마음으로 답을 생각해보기 바란다. 정답이 따로 없는 주제에 대해 답을 사색해보는 것 역시 인생을 풍요롭게 만드는 요소가 될 것이다.

'시험공부'란 무엇인지 정의하시오.

시험공부를 언어화하지 않은 채 대충 시작하지 않았는가?

그럭저럭 시작한 일은 그럭저럭 끝나기 마련이다. 공부하는

과목, 방법, 기간 등 모든 것을 정의해야 한다.

_____

_____

_____

_____

_____

_____

_____

_____

_____

_____

_____

'집안일'이란 무엇인지 정의하시오.

왜 집안일을 하는가? 원래 하는 일이라고 무심코 넘기지 말고, 근본부터 파헤치며 생각해보자. 예를 들어, 그 집안일은 정말로 당신이 해야 하는 일인가?

_____

_____

_____

_____

_____

_____

_____

_____

_____

_____

_____

_____

'비즈니스 서적'이란 무엇인지 정의하시오.

직장인은 왜 책을 읽는가? 비즈니스 서적의 '그러한 것'과

'그렇지 않은 것'은 무엇인가? 덧붙여, 이 책은 과연 비즈니

스 서적인가?

_____

_____

_____

_____

_____

_____

_____

_____

_____

_____

_____

_____

제2장 정의

'수학 잘하는 사람'이란 무엇인지 정의하시오.

수학 잘하는 사람임을 증명해줄 자격증은 존재하지 않는다.

그렇다면 어떤 사람이 수학을 잘한다고 할 수 있을까? 주변

에 있는 '수학 잘하는 사람'은 어떤 사람인가?

Note

제3장
분해

어려운 문제는
작게 나누어 생각한다

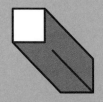

'인수분해', '미분', '적분'

본 주제에 들어가기 전에 잠깐 학창 시절의 수학을 돌이켜보자. 거듭 말하지만, 교과서적인 수학 공부를 다시 하자는 의도가 아니니까 수학과 담쌓고 지냈던 사람이라도 걱정 말고 읽어나가기 바란다.

혹시 인수분해를 기억하는가?

$$x^2 - 5x + 6 = (x-2)(x-3)$$
$$x^3 - 7x^2 - 34x + 40 = (x-1)(x+4)(x-10)$$

인수분해는 수식을 잘게 분해함으로써 그 구조를 밝혀내는 행위다. 비즈니스에서는 '(매출액)=(객단가) × (내

점객 수) × (구매율)' 등의 형식으로 분해해서 분석하는 경우가 있는데, 이것도 훌륭한 수학적 사고다.

이어서 다음과 같은 도형에서, 둘레와 면적을 측정하는 방법을 생각해보자.

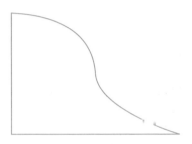

구체적인 수치는 없으므로 실제 계산하는 문제는 아니다. 계산하는 수법만 찾아내면 된다. 먼저 둘레를 살펴보자. 두 직선 부분은 자로 재면 금방 알 수 있다. 문제는 곡선인데, 어떻게 잴 수 있을까?

이 곡선을 매우 짧은(당신의 상상보다 훨씬 짧은) 직선의 모임이라고 생각해보자(88페이지 A 그림). 그 짧은 직선은 말 그대로 똑바르기 때문에 길이를 잴 수 있다. 그렇게 잰 길이를 모두 합하면 곡선 길이가 된다.

따라서 이 도형의 총 둘레도 계산할 수 있다.

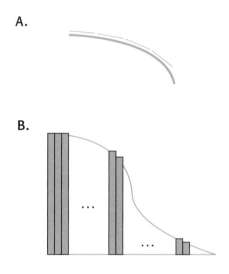

A.

B.

   면적도 마찬가지다. 이 도형을 매우 작은(당신의 상상보다 훨씬 작은) 직사각형의 모임이라고 생각해보자(B 그림). 직사각형의 가로와 세로는 직선이기 때문에 길이를 잴 수 있다. 따라서 각 직사각형의 면적도 계산할 수 있다. 계산한 면적을 모두 합하면 도형의 총면적이 된다.

   수학을 잘했다면 이것이 고등학교 때 배우는 미분과

적분의 개념임을 알아차렸을 것이다. 미분과 적분을 엄밀하게 설명하려면 '무한'이라는 개념도 사용해야 하지만, 이 책은 수학적 사고법에만 초점을 두기 때문에 자세한 내용은 생략하겠다.

여기에서 말하고 싶은 것은 인수분해든 도형 측정이든 문제를 해결하기 위해 잘게 분해하는 접근법이다. 결과적으로 수학은 '잘게 분해하면 모르던 것을 알 수 있다.'라는 사실을 가르쳐주는 학문이기도 하다. 왜 이런 이야기로 시작했는지는 이어지는 내용을 보면 금방 알 수 있다. 이제 본 주제로 들어가 보자.

'분석'이란
무엇을 하는 것인가?

제3장의 주제는 '분석'이다. '분석'이라는 단어를 들으면 어떤 행위가 떠오르는가? 데이터를 긁어모아 엑셀에 넣고 이리저리 만지작거리는 것인가? 아니면 가만히 앉아 깊은 생각에 빠지는 것인가? 우선 내가 내린 '분석'의 정의를 소개하겠다.

'분석'의 정의: 문제 해결을 목적으로 생각의 대상을 명료하게 만드는 행위

일단 목적이 있어야 한다. 예를 들어, 회사 매출액이 감소하는 문제가 있다고 하자. 당연히 그 문제를 해결하

고 싶을 것이다. 이런 목적으로, 회사의 경영자와 마케팅 담당자는 수치를 파악하거나 시장 동향을 조사해서 매출액 감소 원인을 밝힌다. 다시 말해, 매출액 감소 원인을 명료하게 만든다. 아무리 막대한 데이터를 만지작거리고 오랜 시간 깊은 생각에 빠져도 애초에 문제 해결을 목적으로 하지 않으면, 혹은 생각의 대상을 명료하게 만들지 않으면, 그것은 분석이라고 할 수 없다.

'분석(分析)'이라는 단어에 '나눌 분(分)'이라는 한자가 쓰였다는 데 주목해보자. 왜 이 한자가 쓰였는지 생각해 볼 거 있는가? 길른 을 필 미린, 분식은 '나누는 깃'이 내 부분을 차지하는 행위이기 때문이다.

구체적인 예를 들어보자. 알다시피 인간의 혈액형은 A 형, B형, O형, AB형 네 종류로 나눌 수 있다. 이것이 바로 나누는 행위다. '인간의 혈액에는 차이점이 있을까?'라는 물음에 대해 '혈액은 네 가지로 분류할 수 있다.'라고 밝혀낸 것이다. 우리는 이것을 분석의 결과라고 말한다.

비슷한 예로 성격 유형 테스트를 들 수 있다. 우리는 '당신의 성격을 분석한 결과, 당신은 ○○ 유형입니다.'라는 식의 성격 유형 테스트를 접한다. 이것 역시 인간의 성격이나 개성 등을 분류하는 행위, 다시 말해 나누는 행위다.

방향성이 약간 다른 예도 들어보겠다. 『어떻게 문제를 풀 것인가?(How to Solve It)』는 포여 죄르지(Pólya György)라는 유명한 수학자가 집필한 명저다. 이 서적은 수학 문제를 풀려는 교사와 학생을 위해 쓰였다. 제목 그대로 문제 해결을 위해 어떻게 생각해야 하는지 체계적으로 설명한 교육서인데, 최근 비즈니스에도 도움이 된다고 알려지면서 직장인 사이에서도 널리 읽히고 있다.

이 서적에서 저자 포여는 문제 푸는 행위에 관해 다음과 같이 정리했다.

첫째, 문제를 이해한다.

둘째, 주어진 것과 구하려는 것 사이의 관련성을 파악한다. 관련성을 금방 알아차릴 수 없다면 보조 질문을 통해 문제 해결 계획을 세운다.

셋째, 계획을 실행한다.

넷째, 구한 답을 검토한다.

포여는 '문제 푸는 행위'를 철저히 분석해 그 과정을 네 가지 단계로 나누어 명료하게 설명한다. 어떤 경우라도 '문제 푸는' 일련의 행위가 공통적으로 네 가지 단계를 거친다는 점을 밝혀낸 것이다.

이처럼 '분석'한다는 것은 곧 '분해'한다는 뜻이다. 이번 장에서는 '분해'라는 매우 간단한 행위를 이해하고, 머릿속에서 자연스럽게 '분해'할 수 있도록 수학적 사고를 트레이닝해보자.

소(素)라는 글자의 본질 – 왜 잘게 나누는가?

분해는 최대한 잘게 나누는 것이 좋다. 다음 문제를 통해 그 이유를 설명하겠다.

'18'과 '255255'의 공통점은 무엇인가?

내가 의도한 정답은 '둘 다 3으로 나뉜다.'라는 것이다. 상상 이하의 허무한 정답인가? 그렇더라도 이 답을 찾아낸 사람의 머릿속에서 벌어진 사고 과정에 주목해보자. 결론부터 말하면, 그 사람의 머릿속에서는 소인수분해가 일어났다.

$$18 = 2 \times 3 \times 3$$
$$255255 = 3 \times 5 \times 7 \times 11 \times 13 \times 17$$

'소수(素数)'라는 단어에서 '素'라는 한자는 '바탕' '근본' '요소'를 의미한다. '소수'라는 것은 '요소가 되는 수'라는 뜻이다. 그리고 소인수분해는 어떤 수가 어떤 소수로 이루어져 있는지 드러내는 과정이다.

'18'은 '2'와 '3'과 '3'으로 이루어져 있다.
'255255'는 '3'과 '5'와 '7'과 '11'과 '13'과 '17'로 이루어져 있다.

이렇게 풀어보면 두 수에는 '요소가 되는 수'가 공

통으로 존재한다. 그것이 바로 3이다. 그러므로 '18'과 '255255'의 공통점은 '둘 다 3으로 나누어지는 수'라는 결론에 도달한다. 여기서 강조하고 싶은 것은 '18'과 '255255'라는 표면적인 정보만으로는 문제를 풀기 어렵지만, 잘게 분해하면 쉽게 해결할 수 있다는 사실이다.

어떤 대상을 깊이 알고 싶다면 잘게 분해함으로써 그 대상이 무엇으로 이루어져 있는지 파악해야 한다. 즉, 그 대상의 바탕이나 근본을 파악하는 것이다. 이것이 소인수분해의 가르침이다.

이런 개념이 과연 수학의 세계에서만 통용되는 것일까? 나의 대답은 당연히 '아니요'다. 그래서 다음과 같은 문제를 준비해보았다.

연습 문제

당신 회사의 매출액을 분해하시오. 그리고 재작년과 작년의 차이점을 밝히시오.

여러 업종의 회사들이 있겠지만, 인터넷 통신판매 회사 사례를 들어보자. 아마도 많은 이들이 다음과 같이 매출액을 분해할 것이다.

(매출액) = (객단가) × (구매 고객 수)

위의 식을 살펴보면 '객단가'와 '구매 고객 수'가 '매출액'의 요소이다. 물론 사업에 따라서 매출액의 바탕이 되는 요소가 달라지고, 더 잘게 분해해야 할 수도 있다.

(매출액) = (객단가) × (광고 접촉자 수) × (방문율) × (구매율)
※모든 고객은 인터넷 광고를 보고 방문한 고객으로 간주한다.

이렇게 하면 재작년과 작년 매출액 차이가 더욱 구체적으로 드러난다. 만약 회사 매출액이 떨어지는 문제가 생겼다면, '객단가' '광고 접촉자 수' '방문율' '구매율'이라는 네 가지 요소를 비교해서 그 원인을 밝히고 해결책을 구체적으로 생각할 수 있다.

예:

(재작년의 매출액) =

(객단가) × (광고 접촉자 수) × (방문율) × (구매율)

= 1,000,000(원) × 100,000(명) × 0.1 × 0.01

= 100,000,000(원)

(작년의 매출액) =

(객단가) × (광고 접촉자 수) × (방문율) × (구매율)

= 900,000(원) × 120,000(명) × 0.07 × 0.01

= 75,600,000(원)

매출액이 떨어진 가장 큰 요인은 방문율 감소이다. 광고 접촉자 수가 증가했음에도 방문율이 감소했으므로 광고의 호소력에 문제가 있었다는 분석을 할 수 있다.

이처럼 분해를 할 때는 최대한 잘게 나누는 것이 좋다. 어떤 대상을 깊이 알려면 그 요소를 되도록 구체적으로 파악하는 것이 효과적이기 때문이다. 지금부터 다양한 문제를 통해 분해 트레이닝을 해보겠다. 아무쪼록 '최대한 잘게' 나눈다는 마음으로 임해주기 바란다.

'누락 없이, 중복 없이'라는 감각은
이미 수학을 통해 배웠다

이 책을 읽고 있는 여러분은 아마도 의욕적으로 일하고 자기계발에도 열심인 사람일 것이다. 그런 일련의 과정에서 '분해'에 다음과 같은 중요한 규칙이 있음을 이미 알아차렸을지도 모른다.

분해는 '누락 없이, 중복 없이' 해야 한다.

논리적 사고법을 배운 사람에게는 MECE(Mutually Exclusive, Collectively Exhaustive의 약자, 상호 배제와 전체 포괄)라는 이름으로 더 친숙한 개념이다. '서로 배타적인(=중복되지 않은) 요소들이 전체적으로 완전한(=누락 없는) 집합을 이루는 것'을 의미한다. 요컨대 '누락 없이, 중복 없이'와 같은 개념이다. 사실 수학은 '누락 없이, 중복 없이' 분해하는 사고방식을 가르쳐주는 학문이다. 예를 들어, 아래와 같은 문제를 생각해보자.

연습 문제

2A+3B=20을 만족하는 자연수 쌍(A, B)의 개수는?

＿＿＿＿＿＿＿＿＿＿＿＿＿＿＿＿＿＿＿＿＿

＿＿＿＿＿＿＿＿＿＿＿＿＿＿＿＿＿＿＿＿＿

＿＿＿＿＿＿＿＿＿＿＿＿＿＿＿＿＿＿＿＿＿

＿＿＿＿＿＿＿＿＿＿＿＿＿＿＿＿＿＿＿＿＿

'일단 A에 1을 넣어서 B의 값을 구하고, 그다음에 A에 2를 넣어서 B의 값을 구하고……'라는 식으로 차례차례 수를 대입해 풀 수도 있다. 하지만 번거로우므로 조금 더 간단한 방법을 생각해보자. 2A와 20이 짝수이기 때문에 3B 또한 짝수여야 하고, B도 짝수여야 한다. 따라서 B는 다음과 같은 경우로 나눌 수 있다.

(경우 1) B=2일 때

(경우 2) B=4일 때

(경우 3) B=6일 때

(경우 4) B=8일 때

……

하지만 B가 8일 경우에는 3B가 24가 되어서 우변인 20을 초과하게 된다. 그러므로 B는 2, 4, 6 중 하나일 수밖에 없다. 최종적으로 (A, B)는 (7, 2), (4, 4), (1, 6) 중 하나이고, 따라서 정답은 세 개다.

여기에서 중요한 것은 정답이 아니라, 답을 얻는 과정이다. 여러 가지 경우로 나눈다는 것은 말 그대로 분해하는 행위다. 최종적으로 남은 '경우 1' '경우 2' '경우 3'은 B에 들어갈 수 있는 수를 '누락 없이, 중복 없이' 모아놓은 것이다. 누락 없이, 중복 없이 분해함으로써 문제를 해결한 셈이다.

앞서 소개한 미분과 적분의 개념을 떠올려보기 바란다. 미분과 적분은 잘게 나누는 행위를 함으로써 문제를 해결하는 것인데, 곡선을 짧은 직선으로 분해할 때 누락이나 중복이 있으면 길이를 정확히 잴 수 없다. 도형을 작은 직사각형으로 분해할 때도 누락이나 중복이 있으면 면적을 정확히 구할 수 없다.

거듭 말하지만, 우리는 수학이라는 학문을 통해 누락 없이, 중복 없이 분해함으로써 문제를 해결하는 법을 배웠다. 그러니 자신이 '누락 없이, 중복 없이' 잘 분해하고 있는지 스스로 확인하는 습관을 기르기 바란다.

'분해 뇌'를 키우자

이제 다양한 문제를 풀면서 분해하는 법을 트레이닝
해보자. 먼저 일상생활과 가까운 주제부터 살펴보도록
한다.

카레라이스를 분해하시오.

장난치는 것이 아니니 진지하게 풀어보기 바란다. 우선 카레라이스라는 음식을 잘게 분해해보자. 아마 아래와 같이 나뉘지 않을까?

◆ 카레
· 스파이스 A / 스파이스 B / 스파이스 C
· 양파 / 감자 / 당근
· 고기
· 물

◆ 밥
· 쌀
· 물

이렇게 나누면 '카레라이스를 맛있게 만들기 위해 준비해야 할 것이 무엇인가?'라는 문제를 해결할 수 있다. 거듭 말하지만, 이것이 분석이라는 행위의 기본이다. 이런 감각을 마음속에 품은 채 다음 문제를 풀어보자.

프레젠테이션이라는 행위를 분석하시오.

_____

_____

_____

학생이든 직장인이든 프레젠테이션을 해야 할 상황이 생긴다. 특히 프리젠테이션은 취업 활동이나 기획 회의 등 중요한 순간에 하게 될 가능성이 크다. 프레젠테이션이라는 행위를 철저히 분석해서 '프레젠테이션에서 실패하지 않으려면 어떤 일을 해야 하는가?'라는 문제를 해결해야 한다. 예를 들어, 프레젠테이션을 다음과 같이 분해하는 것은 어떨까?

◆ 시나리오 작성

· [정의] 프레젠테이션 상대를 정의한다.
· [결론] 납득시키려는 주장을 명확히 밝힌다.

· [근거] 주장의 근거를 마련한다.
· [순서] 스토리가 되도록 순서를 짠다.

◆ 자료 작성
· 배포 자료
· 슬라이드 자료
· 참고 자료

◆ 발언
[서론] 귀사나 특색을 신념 한다.
· [본론] 작성한 시나리오를 간략하게 전달한다.
· [마무리] 내용을 정리하면서 자신의 '의지'를 전달
한다.

만약 프레젠테이션이 실패로 끝났다면, 위와 같은 분
해가 실패 원인을 특정하는 힌트가 될 것이다. 애초에 시
나리오가 나빴는지, 아니면 자료에 치명적인 오류가 있
었는지, 혹은 발언 방법이 안 좋았는지 등을 알 수 있다.
만약 시나리오가 나빴다면 그 이유가 무엇인지도 파헤

쳐볼 수 있다. 근거가 될 만한 데이터가 없었을 수도 있고, 스토리에 모순이 있었을지도 모른다. 이렇게 분해하면 실패 원인을 분석하고 앞으로의 개선점을 밝혀내는 것이 가능해진다.

나는 이런 사고법이 자연스럽게 가능한 머리를 '분해 뇌'라고 이름 붙였다. 알고 있다는 것과 할 수 있다는 것은 하늘과 땅 차이다. 일상이나 사회생활에서 되도록 친숙한 주제로 분해 뇌를 키우는 훈련을 해보자.

분해 뇌를 키우는 훈련을 위해 PDCA 사이클과 관련된 자습문제를 준비했다. PDCA 사이클은 직장인이라면 대부분 알고 있을 것이다. 하지만 알고 있다는 것과 할 수 있다는 것은 다르다. PDCA 사이클에 관해서는 더더욱 그렇다. 포여의 『어떻게 문제를 풀 것인가?』에서는 문제 푸는 행위를 네 가지 과정으로 나누었는데, PDCA 사이클을 활용하는 과정도 이와 비슷하다. 문제를 풀며 각자 나름대로 고민해보자.

PDCA 사이클을 활용하는 과정은 몇 가지로 나눌 수 있을까?('**Plan 계획, Do 실행, Check 평가, Act 개선의 네 과정**'이라고 답하는 것은 너무 무성의하다. 조금 더 상세하게 분해하기 바란다. '누락 없이, 중복 없이'라는 감각을 잊지 않고 말이다.)

_____

_____

_____

_____

_____

_____

_____

_____

_____

_____

_____

'분해 뇌'를 만들기 위한
트레이닝(정량 편)

트레이닝을 이어가 보자. 게임하는 느낌으로 트레이닝하는 것이 비결이다. 너무 의욕만 앞서면 숨이 막힌다. 감이 안 잡히는 문제는 일단 넘어가고 재미있어 보이는 문제부터 풀어도 상관없다. 그 정도의 여유는 괜찮다.

연습 문제

집에서 가장 가까운 편의점의 하루 매출액은 얼마라고 생각하는가? 어림잡아 계산해보시오.

_____

_____

_____

이제는 가장 먼저 무엇을 해야 할지 알고 있을 것이다. 편의점 매출액을 분해하는 일부터 시작하면 된다.

(매출액) = (객단가) × (고객 수)

어림잡아 계산한다고 분해까지 대충해서는 안 된다. 분해라는 행위는 가능한 한 잘게 해야 한다. 더 이상 잘게 나눌 수 없을 것 같다는 느낌이 들 때까지 분해했다면, 각 요소에 대해 직감적으로 수치를 가정해본다. 편의점에 한번도 가보지 않은 사람은 없을 테니 몇 가지 수치는 어림짐작해볼 수 있을 것이다. 참고로 한국 편의점의 경우 매장당 하루 평균 매출액은 100~200만 원이다.

야마다 씨는 일할 때 "바쁘다." "시간이 없다."라고 푸념하는 입버릇이 있다. 그런 야마다 씨에게 여유롭게 일할 수 있도록 조언하고 싶다. 어떤 조언을 하면 좋겠는가?

_____

_____

먼저 야마다 씨의 시간 사용법을 분석해야 한다. 분석이란 곧 분해를 말한다. 야마다 씨의 하루 평균 근무 시간은 9시간(540분)이고, 그 내역은 다음과 같다.

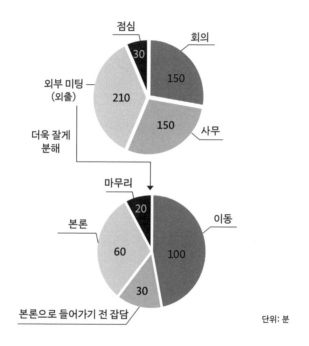

단위: 분

가장 많은 시간을 소비하는 행위는 외부 미팅(외출)이다. 하지만 외부 미팅을 줄이라고 섣불리 조언할 수는 없다. '분해 뇌'를 가진 사람이라면 우선 외부 미팅을 더욱 잘게 분해할 것이다. 외부 미팅에 걸리는 210분이라는 시간을 세부적으로 확인하면 아래쪽 그래프가 된다. 절반에 가까운 시간이 이동에 쓰였다. 여기서 우리는 진짜 문제점을 찾을 수 있다. 또한 본론에 들어가기 전 잡담 시간도 긴 것 같다. 물론 분위기를 부드럽게 만드는 잡담은 꼭 필요하지만, 외부 미팅 시간 중 30분이나 차지할 필요는 없다.

이를 바탕으로 야마다 씨에게 외부 미팅을 (전부는 아니더라도) 온라인 회의로 전환해보라고 제안할 수 있다. 그러면 이동 시간이 획기적으로 줄어든다. 게다가 온라인으로 회의할 때는 긴 잡담이 성가시게 느껴진다. 간단히 인사만 나누고 곧바로 본론에 들어가는 방식이 훨씬 자연스럽다.

이렇게 시간을 누락 없이, 중복 없이 분해함으로써 '어떻게 하면 여유롭게 일할 수 있을까?'라는 질문에 힌트를 얻을 수 있다.

어쩌면 너무 당연한 이야기처럼 들릴지도 모른다. 하지만 현실은 어떤가? 여러분의 뇌는 위와 같은 방식으로 순식간에 분해할 수 있을까? "일을 좀 더 효율적으로 해보는 게 어때?"라는 수박 겉핥기식 조언으로 끝나는 경우가 많지 않을까? 거듭 말하지만, 알고 있다는 것과 할 수 있다는 것은 하늘과 땅 차이다.

두 연습 문제의 공통점은 '수를 분해하는 것'이지만, 우리가 비즈니스나 일상생활에서 '분해 뇌'를 활용해야 할 대상은 숫자만이 아니다. 그래서 다음 단계가 필요하다.

'분해 뇌'를 만들기 위한
트레이닝(정성 편)

'정량'은 수치나 수량으로 나타낼 수 있는 요소를 가리키고, '정성'은 반대로 수치나 수량으로 나타낼 수 없는 요소를 가리킨다. 그런 의미에서 앞의 두 연습 문제는 정량적인 주제였다. 지금부터는 정성적인 주제로 '분해 뇌'를 만들기 위한 트레이닝을 해보겠다. 점점 더 흥미로워질 것이다.

연습 문제

좋아하는 사람을 분해해보시오. 어느 부분을 좋아하는 것인지 명확히 밝히고, 내용을 상대에게 전달하시오.

＿＿＿＿＿＿＿＿＿＿＿＿＿＿＿＿＿＿＿＿＿
＿＿＿＿＿＿＿＿＿＿＿＿＿＿＿＿＿＿＿＿＿
＿＿＿＿＿＿＿＿＿＿＿＿＿＿＿＿＿＿＿＿＿
＿＿＿＿＿＿＿＿＿＿＿＿＿＿＿＿＿＿＿＿＿
＿＿＿＿＿＿＿＿＿＿＿＿＿＿＿＿＿＿＿＿＿
＿＿＿＿＿＿＿＿＿＿＿＿＿＿＿＿＿＿＿＿＿

'사람을 분해하라'는 말의 의미가 언뜻 와닿지 않을지도 모른다. 하지만 야마다 씨의 시간을 분해해서 개선점을 밝혀낸 것과 완전히 동일한 방법이라고 생각하면 쉽다. 여러분이 좋아하는 사람은 대체 어떤 요소로 이루어져 있을까?

'요소(要素)'라는 단어에는 '素(바탕, 근본)'라는 한자가 쓰인다. 그 사람의 바탕이나 근본을 밝히고, 그중에서 무엇이 당신에게 매력적인지 알아내보라는 의미다.

한 기업 연수회에서 이 문제를 냈더니 어느 젊은 남자 직원이 자신의 여자친구를 다음과 같이 분석했다.

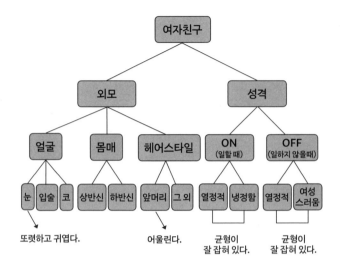

일단 여자친구를 외모와 성격으로 나누었다. 이어서 외모를 얼굴, 몸매, 헤어스타일로 분해했다. 또한 얼굴은 눈·입술·코로, 몸매는 상반신과 하반신으로 세분했다. 헤어스타일은 앞머리와 그 외로 나눴다. 나름의 독특한 발상이 엿보여서 매우 흥미로웠다.

성격은 ON(일할 때)과 OFF(일하지 않을 때)로 나누었다. 누락 없이, 중복 없이 확실히 나눌 수 있다는 점에서 저절로 고개가 끄덕여졌다. 그의 여자친구는 ON일 때 일을 열정적으로 하면서도 때로는 냉정하고 쿨한 면도 있다고 했다. OFF일 때도 좋아하는 패션이나 음식 등에 열정을 쏟아붓는 강한 모습을 보이는 한편, 섬세하고 여성스러운 면도 있다고 말했다. 본인은 여자친구의 그런 균형 잡힌 모습이 좋다고 작성했다. 그는 최종적으로 '눈'과 '앞머리', '균형 잡힌 성격'이 여자친구의 매력이라고 수줍은 표정으로 설명했다.

이런 연습은 분석 대상이 '싫어하는 사람'이라면 머리가 좀처럼 굴러가지 않지만, '좋아하는 사람'이라면 즐겁게 할 수 있다. 소중한 사람의 매력이 무엇인지 꼭 분석해보고, 그 결과를 수줍은 표정으로 상대에게 그대로 전달해보기 바란다.

마무리하면서 자습 문제를 하나 준비했다. 연습 문제를 푸는 요령으로 아래 문제도 풀어보자.

좋아하는 배우를 분해해보시오. 앞으로 더욱 활발히 활동할 수 있도록 조언하고, 그 이유도 덧붙이시오.

_____

_____

_____

_____

_____

_____

_____

_____

_____

_____

_____

_____

_____

고민이 생기면
수학으로 해결한다

우리는 어려운 문제에 직면했을 때 무엇을 어떻게 해야 좋을지 망설인다. 그리고 문제를 해결하기 위해 어떻게든 머리를 굴려 그 대상을 분석하려고 한다. 이때 여러분을 도와주는 사고법이 바로 '분해'다. 분해는 분석이라는 행위에서 가장 중요한 기둥이라고 해도 과언이 아니다.

내가 좋아하는 말이 있다. '어려운 문제는 분할하라!' 프랑스 철학자이자 수학자로서도 커다란 공적을 남긴 르네 데카르트(René Descartes)의 명언이다. 수학은 어려운 문제를 해결하는 힌트를 가르쳐주는 학문이다. 사람은 누구나 고민이 생기면 수학으로 해결할 수 있다.

여담이지만 2016년 방영되어 큰 인기를 끌었던 TV 드라마 〈도망치는 건 부끄럽지만 도움이 된다〉에 대한 이야기를 해보자. 로맨틱 코미디 장르인 이 드라마에서 여주인공이 사랑에 빠진 자신의 심정을 고백하는 장면이 나오는데, 남자에게 전화로 이렇게 말한다. "저, 제 마음을 인수분해 해봤어요." 우연히 이 장면을 본 나는 중년의 아저씨임에도 가슴이 콩닥거렸다. 러브스토리에 설렌 게 아니라, 그저 표현 자체에 마음을 사로잡혔다.

아마도 여주인공은 스스로 확신하지 못하던 사랑을 뚜렷이 알아차리기 위해 자신의 마음을 분석했을 것이다. '분석'의 정의를 떠올려보자. 분석은 '문제 해결을 목적으로 생각의 대상을 명료하게 만드는 행위'다. 그것은 곧 분해하는 행위와 같다.

사람은 이처럼 어려운 문제에 직면했을 때 자신도 모르게 수학적으로 해결하려 한다. 여러분도 드라마 속 여주인공처럼 자신의 마음을 인수분해 해봤으면 좋겠다. 마무리로 아래 자습 문제를 풀어보자.

일하면서 품고 있는 고민을 인수분해 하시오. 해결책을 찾아낸 후 꼭 실천해야 하며, 만약 어려움을 느낀다면 다음 열 가지 스텝을 참고하시오.

STEP 1. 고민거리를 정한다.

STEP 2. 고민의 주된 원인을 알아낸다.

STEP 3. 원인을 구성하는 요소를 분해한다.

STEP 4. 분해가 누락 없이, 중복 없이 되었는지 확인한다.

STEP 5. 분해한 요소 중에 어떤 것을 개선할지 결정한다.

STEP 6. 개선하기 위한 구체적인 방안을 찾아낸다.

STEP 7. 자신의 힘으로 할 수 있는 일과 할 수 없는 일을 분류한다.

STEP 8. 스스로 할 수 있는 일에 관해 구체적인 행동 계획을 세운다.

STEP 9. 스스로 할 수 없는 일에 관해서는 외부 도움을 구한다.

STEP 10. 실천한다!

제4장
비교

인간에게는
수가 필요하다

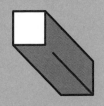

만약 '수'가 없다면
무슨 일이 일어날까?

우리는 수학을 공부하면서 다양한 '수'를 접해왔다. 하지만 그런 '수'에 대해 곰곰이 생각해본 적은 없을 것이다. '수'라는 것은 대체 무엇일까? 평소에 하지 않던 생각을 새삼스레 해보면 미처 몰랐던 사실을 깨닫고 '수'를 이해할 수 있게 된다. 이것이 귀중한 시간을 내어 이 책을 읽는 가치가 아닐까?

'수'란 무엇인가? '무언가를 세거나 계산하는 것', '양을 표현하는 것' 등 여러 가지 대답이 나올 텐데, 아마도 다 맞는 말일 것이다. 나는 이 물음을 기능적인 측면에서 던져 보고 싶다. '수는 어떤 기능을 지니고 있을까?'라고.

만약 세상에 '수'가 없다면 무슨 일이 벌어질지 상상

해보았다. 그리고 '수가 없다면 비교할 수 없다.'라는 사실을 깨달았다.

예를 하나 들어보자. 내 나이는 45세다. 내 나이를 본 순간 당신의 머릿속에 무슨 생각이 드는가? 아마도 누군가의 나이를 가져와서 비교해보지 않았을까?

'아, 이 책의 저자는 나랑 동년배구나.'

'나보다 훨씬 나이가 많네.'

'오호라, 생각보다 젊군.'

첫 번째와 두 번째는 자신의 나이와 비교한 거고, 세 번째는 여러분이 추측했던 내 나이와 실제 나이를 비교한 것이다. 학창 시절에는 이런 비교를 배우기도 했다. 아마도 다음과 같은 기호를 사용해 '수'의 대소를 비교한 적이 있을 것이다.

$A \geq B$ (A는 B 이상이다.)

$A < B$ (A는 B보다 작다.)

$A = B$ (A와 B는 같다.)

누구나 다 아는 기본적인 수학 표현인데, 이것이 바로

비교하는 행위다. '수'의 주요 기능은 비교이다. 사물을 분석하기 위한 사고법에는 '분해'와 '비교'가 있다. '분해'는 앞 장에서 설명했고, 이번에는 '비교'를 다루겠다.

우리는 인생에서 어려운 문제에 부딪혔을 때 그 대상을 분석한다. 이때 '비교'하는 것이 정말 효과적일까? 즐겁게 트레이닝하면서 이 점을 납득하게 되길 바란다.

인간관계나 인생 문제로 고민하는 사람에게 "너를 남들과 비교하지 마. 꼭 1등이 아니어도 괜찮아. 너는 이 세상에서 유일무이한 존재니까."라는 취지로 위로하는 경우가 많다. 지극히 맞는 말이다. 굳이 남들과 비교할 필요는 없다. 하지만 이번 장에서는 남들과 비교하지 않아도 되는 이 세상에서, 굳이 비교하기를 권한다. 이 정도면 의문이 들 것이다. 대체 비교하라는 걸까, 말라는 것일까?

대답은 '인생을 살아가면서 남들을 꼭 이기고 싶을 때만큼은 비교하기를 피하지 마라.'이다. 이 점에 관해서는 이번 장의 마지막 부분에서 조금 더 다루겠다. 그럼 본격적으로 수학적 사고로 비교를 시작해보자.

여러 번 비교할수록
그 모습이 명확해진다

원주율이 3.14……라는 사실은 많은 사람이 알고 있다. 그러나 왜 하필 3.14……일까? 왜 2나 4로 시작하지 않을까? 이 점을 설명할 수 있는 사람은 그다지 많지 않다.

연습 문제

원주율이 2보다 크고 4보다 작은 이유를 설명하시오.
(원의 면적)=(반지름)×(반지름)×(원주율)이라는 사실을 활용해도 괜찮다.

_____

_____

제4장 비교

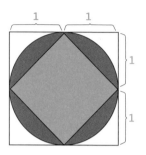

　한 변의 길이가 2인 정사각형(하얀색), 그 정사각형에 내접하는 원(회색), 또 그 원에 내접하는 정사각형(초록색)을 생각해보자. 정사각형(하얀색)의 면적보다 원(회색)의 면적이 작고, 원(회색)의 면적보다 정사각형(초록색)의 면적이 작다는 것은 명백하다.

　정사각형(하얀색)의 면적 $= 2 \times 2 = 4$

　내접하는 원(회색)의 면적 $= 1 \times 1 \times$ 원주율 $=$ 원주율

　정사각형(초록색)의 면적 $= \sqrt{2} \times \sqrt{2} = 2$

　정사각형(초록색)의 면적 〈 내접하는 원(회색)의 면적 〈 정사각형(하얀색)의 면적

　따라서, 2 〈 원주율 〈 4

이상의 설명이 수많은 정답 중 하나이다. 실제로는 더 상세한 수학적 방법을 통해 원주율이 3.14……임을 구할 수 있겠지만, 여기에서 중요한 것은 엄밀한 수학적 증명이 아니다. 이런 문제를 앞에 두고 무엇을 해야 할지가 더 중요하다. 연습 문제는 원의 면적이라는 대상을 분석하는 행위이다. 그리고 분석이라는 행위에서 '비교'하기를 선택한 것이다.

비교 대상은 세 도형의 면적(수치). 정사각형(하얀색)의 면적과 내접하는 원(회색)의 면적만 비교했다면, 원주율의 수치가 4보다 작다는 사실밖에 판명할 수 없다. 하지만 내접하는 원(회색)과 정사각형(초록색)의 면적까지 따로 비교함으로써 원주율의 수치가 2보다 크다는 사실을 판명할 수 있었다. 즉, 원주율이라는 수치의 정체가 더욱 구체적으로 드러난 셈이다.

여러 번 비교할수록 그 모습이 명확해진다.

이것은 매우 중요한 사항이다. 방금 풀어본 문제는 이 한마디를 전달하기 위한 것이라고 해도 과언이 아니다.

여러분이 무언가를 분석하고 싶다면 '비교'라는 선택지가 있다. 비교는 여러 번 할수록 정밀도가 높아진다. 이미 실감하는 내용일지도 모른다. 예를 들어, 직장인이라면 회사 실적을 동종 업계의 다른 1개 회사와만 비교 평가하는 것보다 다른 10개 회사와 하는 편이 실태를 더욱 정확히 파악할 수 있다는 사실을 직감적으로 안다.

이제 비교하는 훈련을 차례차례 해보겠다. 분석할 때는 '비교'라는 선택지가 존재한다는 사실과 여러 번 비교할수록 좋다는 점을 꼭 명심하자.

연습 문제

인공지능이 당신의 신용 점수를 '55'로 판정했다. 이 점수를 듣고 가장 먼저 떠오르는 생각과 해야 할 일은?
덧붙여, 신용 점수는 개인의 사회적 신용도를 수치화한 것이다. 나이나 학력 등의 개인 특성, 자산이나 신용카드 실적 등의 지급 능력, 채무 상태와 상환 이력 등 개인의 다양한 데이터를 토대로 평가한 수치이다.

```
_____

_____

_____

_____
```

　뜬금없이 '55'라는 숫자를 앞에 두고 '뭐, 어쩌라고?' 싶을지도 모른다. '55'는 밑도 끝도 없는 숫자다. 나라면 일단, 이 수치에 만점이 있는지부터 확인하겠다. 만점이 70점인지, 100점인지, 아니면 1,000점인지에 따라 '55'라는 점수의 의미가 완전히 달라진다. 이것이 바로 비교 대상을 정하는 일이다.

　그다음 '55'의 정체를 파악하기 위해 또 다른 다양한 비교 대상을 확인한다. 비슷한 나이대의 평균치, 직장 선배의 점수 등 비교할 만한 대상은 도처에 널려 있다.

'분해'↔'비교'

트레이닝을 계속해보자. 다음과 같은 연습 문제를 준비해보았다.

2020년 방송된 TV 드라마 〈한자와 나오키〉 시즌 2, 첫 회의 '종합 시청률'이 33.0%였다. 이 숫자를 어떻게 평가할 것인가?

※종합 시청률은 '실시간 시청률'과 '시간차 시청률'을 합산한다. '시간차 시청률'이란 방송 후 168시간 이내에 녹화 기기 등으로 시청한 비율을 가리킨다.

※방송 업계의 전문적인 분석법을 요구하는 문제가 아니

라, 어디까지나 사고법 트레이닝이라는 점을 염두에 두고 생각해보자.

―――――――――――――――――――――――

―――――――――――――――――――――――

―――――――――――――――――――――――

―――――――――――――――――――――――

나는 사회현상이라고 할 만큼 유명한 이 드라마의 시청률을 다음과 같이 비교하겠다.

· 비슷한 범주로 분류되는 다른 드라마의 첫 회 시청률과 비교(얼마나 주목받고 있는가?)
· 시즌 1(2013년 방송)의 첫 회 시청률과 비교(팬을 얼마나 육성했는가?)
· 시즌 1의 마지막 회 시청률과 비교(인기를 얼마나 유지했는가?)
· 2013년과 2020년의 드라마 평균 시청률과 비교(일반적인 드라마로서의 가치는?)

여러 가지를 비교함으로써 33.0%라는 수치의 정체가 드러나기 시작한다. 이 책에서 구체적인 수치까지는 알아보지 않겠다. 그것은 PD(드라마 담당자)가 해야 할 일이며, 우리는 그저 '사고법'을 연습하는 것이 목적이다. 아마추어가 33.0%라는 수치가 좋은지 나쁜지 억지로 결론 내는 것은 무의미하다.

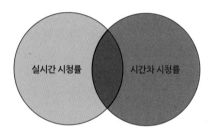

연습 문제에서 표면적으로 '종합 시청률'만 비교하기보다 '실시간 시청률'과 '시간차 시청률'로 나누어 수치를 비교하면 더 깊이 분석할 수 있다. 즉, 잘게 분해한 후 비교하는 편이 분석의 깊이를 더해준다는 뜻이다. 이제 분석은 '분해'와 '비교'로 이루어져 있음을 확실히 이해하고 다음으로 넘어가 보자.

데이터를 올바로 읽어내는 사람이 지니는 두 가지 습관

'비교'가 우리에게 얼마나 중요한 행위인지 다른 각도에서 이해해보자.

최근 코로나 사태로 날마다 확진자와 양성률 수치를 접하고 있다. 혹시 수치를 표면적으로만 인식하고 있는 것은 아닐까? 코로나 사태는 데이터를 올바로 읽어내는 일의 중요성을 일깨워준다.

사실 데이터를 올바로 읽어내는 비결은 절대 어렵지 않다. 고도의 수학적 이론도 필요 없고, 기껏해야 사칙연산(+, -, ×, ÷)만 할 줄 알면 충분하다. 데이터를 올바로 읽는데 필요한 것은 다음의 두 가지 습관이다.

· 그 비교가 타당한지 의문을 품는 습관
· 그 데이터의 정의를 확인하는 습관

연습 문제를 통해 심화 학습해보자.

연습 문제

2020년 8월 어느 날, 코로나바이러스 감염증 확진자 수가
전날 대비 150%, 즉 1.5배가 되었다. 이 결과를 어떻게 평
가할 것인가?

이럴 때야말로 '그 비교가 타당한지' 의문을 품는 것
이 중요하다. 확진자 수를 전날과 비교하는 것은 과연 얼
마나 의미가 있을까?

감염증이 막 번지기 시작했을 때라면 난기간 변동 분
석이 중요할지도 모른다. 하지만 2020년 초봄부터 확산

된 감염증이 8월까지 이어졌다는 것은 이미 장기화 상태라고 할 수 있다. 전날과 비교하며 일희일비할 게 아니라, 장기적인 관점에서 비교하는 편이 타당하다.

과거 데이터로 분석할 요량이라면, 하루 확진자 수가 아니라 주별(혹은 월별) 확진자 수를 비교하는 것이 좋다. 그래야 장기적인 경향을 파악하고 장래 추이를 예측해 중요한 정보를 얻을 수 있다.

예를 들어, 확진자 주별 평균치가 최근 몇 주 동안 전주 대비 5%씩 증가했다면, 특단의 대책을 세워야 한다. 이대로 추이가 이어지면 반년 후에 심염사 수가 엄청난 규모까지 증가한다고 예측할 수 있다.

연습 문제

코로나바이러스 감염증의 진단검사 양성률이 떨어지면 감염 확산이 억제되고 있다고 평가할 수 있는가?

언뜻 보기에는 진단검사 양성률이 떨어지면 확진자도 당연히 줄어들 것 같다. 이때 머릿속에서 '잠깐만!'이라는 경고음이 울리느냐 마느냐가 분수령이다. 경고음이 울리면 일단 사고를 멈추고, '애초 양성률의 정의란 무엇인가?'라는 물음부터 확인해야 한다. 일반적으로 양성률은 다음과 같이 설명할 수 있다.

양성률 = 양성 확진자 수 ÷ 진단검사 건수

주목해야 할 부분은 양성률의 분모가 '진단검사 건수'라는 사실이다. 수치는 그 자체로 좋고 나쁨을 평가할 수 없기 때문에 반드시 '비교'라는 관점을 지녀야 한다.

위의 경우에는 '검사받지 않은 사람 중에서도 감염자가 있다.'라는 관점이 필요하다. '검사받지 않은 사람들의 감염률'이라는 수치도 (실제 데이터로는 존재하지 않지만) 엄연히 존재한다. '검사받지 않은 사람들의 감염률'이 '검사받은 사람들의 양성률'에 비해 높다면 과연 어떤 해석이 가능할까?

검사받은 사람들의 양성률은 얼마?

(↑비교↓)

검사받지 않은 사람들의 감염률은 얼마?

	인원	확진(감염)자	양성(감염)률
검사받음	10	4(실수)	0.4
검사받지 않음	90	45(가수)	0.5
계	100	49	0.49

1개월 후

	인원	확진(감염)자	양성(감염)률
검사받음	10	2(실수)	0.2
검사받지 않음	90	54(가수)	0.6
계	100	56	0.56

극단적인 예를 들어보겠다. 검사받은 사람이 10명이고, 그중 확진 판정을 받은 사람이 4명이라고 하자. 반면에 검사받지 않은 사람이 90명이고, 그중 감염된 사람이 45명이다. 그런데 1개월 후에 위의 표처럼 변화했다면?

제4장 비교

검사받은 사람의 양성률은 떨어졌지만, 100명당 감염자 수 및 감염률은 증가한 결과가 된다.

이처럼 '양성률'이 떨어져도(0.4→0.2), 전체 감염자 수는 증가할(49→56) 가능성도 있다. 그러므로 '양성률'이 떨어졌다는 이유로 감염증 확산이 누그러졌다고 말하는 것은 섣부른 판단이다. 일부러 간단하면서도 극단적인 예로 설명했다. 이를 통해 앞서 소개한 두 가지 습관을 다시 한번 강조하고 싶다. 두 가지 습관이 몸에 배면 직감적인 결론을 그대로 확정해버릴 위험이 줄어든다.

그 비교가 타당한지 의문을 품는 습관
그 데이터의 정의를 확인하는 습관

직감과 세상의 실태가 반드시 일치하는 것은 아니다. 수치를 표면적으로만 분석하지 않으려면 위 두 가지 습관을 꼭 익히길 바란다.

직감적인 비교를 어떻게 논리적인 비교로 바꿀 것인가 ①

· 여러 번 비교한다.

· 비교와 분해를 번갈아 한다.

· '비교의 타당성'에 의문을 품는다.

· '데이터의 정의'를 확인한다.

이상이 지금까지의 핵심 내용이다. 지금까지의 논의는 모두 확실한 수치가 밑바탕에 있음을 전제로 한 것이다. 인공지능이 판단하는 신용 점수나 TV 드라마의 시청률은 모두 확실한 수치로 표현할 수 있다. 이렇게 확실한 수치로 비교 가능한 게 수학적 사고법 트레이닝의 기본 편이다.

그러나 우리가 살아가는 세상은 수치로 측정할 수 없는 것들이 허다하다. 이제부터는 수치로 측정하기 힘든 것들을 비교해보는 응용 편으로 넘어가겠다.

지인 중에 가장 다정한 사람은 누구인가? 구체적인 인물을 한 사람 떠올린 후 문제를 풀어보자. 다음 질문에 어떻게 대답할 것인가?

> **연습 문제**
>
> 상대가 가장 다정한 사람임을 어떻게 설명하겠는가?
>
> _____
>
> _____

문제의 의미를 잘 모르겠다는 반응이 터져 나올 수도 있다. 가장 다정한 사람이라는 평가는 직감에 의한 것이기 때문에 어떻게 설명할 도리가 없다고 여긴다. 하지만 곰곰이 생각해보면 '가장 다정하다.'라는 말은 '다른 사람들과 비교했을 때 제일 다정하다.'라는 뜻이다. 무의식 중에 상대의 다정함을 다른 사람과 비교한 것이다. 도대체 어떤 비교를 했을까? 그 점을 언어화하고 논리적으로 설명할 수 있는 상태로 만들어보자.

왜 이런 의미 불명의 교묘한 연습 문제를 마련했는지 설명하겠다. 직감적인 비교를 제삼자에게도 납득시킬 수 있게 설명하는 능력은 비즈니스에서도 필요하다. 아래와 같은 정성적인 정보를 제삼자에게 납득 가능하게 설명하는 능력 말이다.

· 나는 구성원의 업무를 철저히 관리하고 있다.
· 소식이 활성화되고 있나.
· 우리 회사의 강점은 고객을 위하는 정신이다.
· 우리 회사는 다른 회사보다 브랜드력이 강하다.

이러한 주장을 그저 직감적으로만 할 것인가, 아니면 논리적인 근거를 바탕으로 이야기할 것인가? 당연히 직감적으로 뜬구름 잡는 소리를 하는 것보다 논리정연한 주장으로 설득하는 편이 훨씬 효과적이다.

· 무엇을 근거로 '철저히 관리하고 있다.'고 할 수 있는가?

· 무엇을 근거로 '활성화되고 있다.'라고 말할 수 있는가?

· 무엇을 근거로 '고객을 위하는 정신'의 유무와 대소를 이야기할 수 있는가?

· '브랜드력'이란 도대체 무엇인가?

위 질문에 논리적으로 대답할 수 있다면 주장에도 설득력이 생긴다. 이렇게 정성적인 정보를 정량적인 정보로 바꾸는 것은 매우 중요하다.

정성적인 정보: 수치 정보가 아니므로 비교하기 어렵다.

정량적인 정보: 수치 정보이므로 쉽게 비교할 수 있다.

↓

정성적인 정보를 정량적인 정보로 바꾼다.

↓

수치 정보이므로 쉽게 비교할 수 있다.

위 연습 문제의 의도를 그대로 둔 채 난이도만 낮춘 것이 아래 문제다.

공부를 잘했다는 사실을 어떻게 설명하겠는가?

이 문제는 어떤가? 이 문제라면 쉽게 답할 수 있는 사람들이 많지 않을까 싶다. '전국 모의고사에서 상위 10% 안에 들었다.'라는 식으로 간단히 설명할 수 있기 때문이다. '공부를 잘했다'는 사실을 '상위 10%'라는 수치로 바꾸고 '평균적인 학생'인 '상위 50%'와 비교하는 방법이다. 다시 말해, 정성적인 정보를 정량적인 정보로 바꾸는 사고법만 익힌다면 비교할 수 있는 대상은 급격히 증가한다.

그럼 원래 문제로 돌아가 '가장 다정하다.'라는 사실을 어떻게 설명할지 생각해보자. 비결은 수치로 바꾸는 것이다. '다정함을 보여준 횟수'가 제일 많은 사람이 '가장 다정하다.'라고 간주할 수 있다. 물론 다정함을 보여준 횟수만으로 판단한다면 매일 함께 생활하는 가족이 극단적으로 유리하다.

하지만 실제로는 어떤가? 날마다 만나더라도 1년에 두 번밖에 다정함을 보여주지 않는 X 씨와 1년에 딱 두 번 만나지만 만날 때마다 다정함을 보여주는 Y 씨를 비교해보자. 모두 1년에 두 번의 다정함을 제공해주지만, 그 의미는 완전히 다르다.

X 씨: 다정함 2회 제공/365일 날마다 만난다＝2/365

Y 씨: 다정함 2회 제공/1년에 두 번 만난다＝2/2

이처럼 수치로 변환해서 비교하면 누가 가장 다정한지 논리적으로 설명할 수 있지 않을까?

직감적인 비교를 어떻게 논리적인 비교로 바꿀 것인가 ②

위 주제를 다른 관점에서 계속 생각해보자. '가장 다정하다.'에서 '가장'의 정의가 달라지면 비교 방법도 달라진다. 이 책의 첫머리에서 말했듯이, 수학적 사고는 정의에서부터 출발한다.

애초에 '가장 다정한 사람'이란 어떤 상황에서 다정함을 보여주는 사람을 말하는 것일까? 항상 다정한 사람은 존재하지 않는다. 모든 사람은 때에 따라 다정하기도 하고 아니기도 하다. 대부분의 사람은 '내가 힘들 때, 슬플 때, 누군가의 도움을 받고 싶을 때 나에게 다정하게 대해준 사람'을 '다정한 사람'이라고 생각한다. 그렇다면 '다정한 사람'의 정의를 이렇게 내릴 수 있다.

'가장 다정한 사람' = '내가 힘들어할 때 내 곁으로 다가와 위로해준 사람'

이처럼 정의를 내리면 변환하는 수치도 달라진다.

예를 들어 힘들었던 세 가지 사건을 떠올려 T1, T2, T3라고 하자. 각각 얼마나 힘들었던 사건인지를 5단계로 평가해본다. 가볍게 넘길 수 있는 사건이라면 1점, 두 번 다시 경험하고 싶지 않을 만큼 매우 힘들었던 사건이라면 5점을 매긴다. 이 부분은 주관적으로 수치화해도 상관없다.

T1 = 3
T2 = 4
T3 = 5

각 사건이 벌어졌을 때 곁에 다가와 '위로해준 사람'으로 A 씨, B 씨, C 씨가 있다고 하자. 그 세 명이 T1, T2, T3라는 사건이 벌어졌을 때 얼마나 버팀목이 되어주었는지 떠올려본다. 그때 느낀 다정함의 총량을 100%라고 했을 때, 각자가 몇 %씩 다정함을 주었는지 평가하는 것이다. 아무것도 해주지 않은 사람은 0%, 절반 정도의 다정함을 느끼게 해준 사람은 50%다. 물론 이 부분도 주관적으로 수치화한다.

힘들었던 사건	T1	T2	T3	다정함의 총점
힘들었던 정도	3	4	5	
A씨	50%	0%	60%	4.5
B씨	20%	80%	0%	3.8
C씨	30%	20%	40%	3.7
계	100%	100%	100%	12.0

그렇게 매긴 수치를 활용해 '다정함의 총점'을 계산한다. 일단 A 씨부터 계산해보자. T1은 힘들었던 정도의 5단계 평가 중 '3'인 사건인데, 그때 느꼈던 다정함 중 절반(50%)은 A 씨에게서 받았다.

$$3 \times 0.5 = 1.5$$

T2와 T3에 관해서도 동일하게 생각하면, A 씨의 '다정함의 총점'은 다음과 같다.

$$(3 \times 0.5) + (4 \times 0.0) + (5 \times 0.6) = 1.5 + 0.0 + 3.0 = 4.5$$

이런 식으로 B 씨와 C 씨에 관해서도 계산해보면 각자의 총점을 알 수 있다. 세 명의 총점을 모두 합한 수(4.5+3.8+3.7=12)가 각 사건에서 힘들었던 정도를 나타내는 5단계 평가를 모두 합한 수(3+4+5=12)와 같다는 점을 확인하기 바란다.

세 명의 총점을 비교하면 '가장 다정한 사람'이 A 씨가 된다. 결국, 가장 힘들었을 때(T3) 제일 큰 도움이 되어준 A 씨가 '가장 다정한 사람'이라는 결과가 나왔다. 이것은 우리의 직감과도 일치하는 결과가 아닐까.

물론 지금 소개한 비교법은 이해를 돕기 위한 하나의 예에 지나지 않는다. 중요한 것은 '다정함을 어떻게 정의하느냐'이다. 가장 먼저 '다정함이란 ○○이다.'라고 확실히 정해두어야 한다. 정의가 달라지면 또 다른 비교법을 찾아낼 수 있다.

　마지막으로 자습 문제를 풀어보자. 기업 연수에서 자주 제시하는 문제인데, 수많은 수강생이 이를 둘러싸고 즐겁게 두뇌 훈련을 한다. 여러분은 과연 어떻게 생각할지 궁금하다.

자습 문제

다음을 설명하기 위한 비교법을 생각해내시오.

· 나는 작년보나 수상권의 업무를 너 밀시히 씬디이고 있따.

· 작년보다 조직이 더 활성화되고 있다.

· 우리 회사는 '고객을 위하는 정신'에서 다른 회사에 뒤떨어지지 않는다.

· 우리 회사는 다른 회사보다 브랜드력이 뛰어나다.

'주관적으로 수치화한다'는 것은 어떤 의미인가?

앞에서 '주관적으로 수치화해도 상관없다.'라는 표현을 사용했다. 객관적인 데이터나 근거가 없는 상태에서 주관적인 생각을 활용해 정성적인 정보를 정량적인 정보로 변환하라는 뜻이다. 어렵게 느껴지지만, 의외로 우리는 일상생활에서 이런 행위를 자연스럽게 하고 있다.

예를 들어, 어떤 강연이나 행사에 참여한 후 만족도 조사를 요청받은 경험이 있을 것이다. 만족도 조사는 일반적으로 '매우 만족'이 5점, '매우 불만족'이 1점인 5단계 평가이다. 이것이 바로 주관적으로 수치화하는 행위다.

예전에 했던 프레젠테이션을 떠올려보자. 만약 "그 프레젠테이션은 100점 만점에 몇 점입니까?"라고 묻는다면, 잠깐 생각한 후 80점이든 50점이든 어떠한 점수(즉, 수치)로 대답할 것이다. 이것 역시 주관적으로 수치화하는 행위다. 매우 흥미롭지 않은가. '얼마나 만족했느냐'는 매우 애매한 개념인데도, 5단계 평가라는 시스템을 거치면 순식간에 명확한 수치로 평가가 가능해진다.

프레젠테이션 예도 마찬가지다. 단순히 '좋았다' 혹은 '나빴다'로 딱 잘라 표현하기는 원래 힘들다. 하지만 "100점 만점에 몇 점입니까?"라는 질문에는 자신도 모르게 명확한 수치로 대답하게 된다. 이는 인간의 습성과도 같은 너무나 자연스러운 행위다.

· 5단계로 평가한다면 어느 정도? → 확실한 수치로 대답할 수 있다.
· 100점 만점에 몇 점? → 확실한 수치로 대답할 수 있다.

이렇게 주관적으로 수치화할 때 필요한 것은 기준을 설정하는 일이다. 앞선 예에서 그 기준은 다음과 같다.

· 최고로 만족도가 높았다면 5점

· 최고로 좋았다면 100점

인간은 '최고' 수치와 '실제' 수치를 비교하려는 습성이 있다. 비교를 통해 '최고'에서 얼마나 떨어져 있는지 주관적으로 수치화한다.

· 음······. 그저 그러니까 3점 정도.
· 90점. 자료의 정보량이 지나치게 많은 탓에 10점 감점.

후자에서 90점을 매긴 이유에 주목해보자. 10점 감점의 이유를 밝혔다. 완벽하고 이상적인 프레젠테이션과 실제의 차이를 스스로 알아차린 것이다. 100점을 줄 수 없다면 감점 요소가 있다는 이야기다. 그 감점 요소가 얼마나 큰지, 구체적으로 어떤 것인지 이리저리 고민한 후 답을 찾아냈다.

주관적으로 수치화한다는 것은 매우 애매한 상태를 (반강제적으로) 명료하게 만든다는 뜻이다. 수치화를 위해서는 기준을 정해야 한다. 그 기준 덕분에 비교할 수 있고, 기준과의 차이를 수치로 명백히 밝힐 수 있다. '비교'를 주제로 설명해온 이번 장을 요약해서 본질만 남긴다면 다음 한 문장으로 집약 가능하다.

비교는 차이를 명백히 밝히는 기능이다.

세상은 정성적이며 애매한 것들로 가득하다. 확실하게 선을 긋기가 어려운 것들이 수두룩하다. 만약 앞으로 인생에서 애매한 주제를 분석해야 할 때가 온다면 부디 이 책의 내용을 떠올려주기 바란다.

'멋진 사람'을
수학적으로 분석하라

'그 사람은 멋지게 산다.'라는 표현에서 '멋'이란 무엇인

가? 무언가와 무언가를 비교하는 방법으로 그 정체를 밝히

시오.

_____

_____

_____

_____

_____

어느 직장에나 '멋진 사람'이 한 명쯤 있기 마련이다. 어쩌면 당신이 직장에서 가장 '멋진 사람'일지도 모른다. 그 '멋'이라는 것이 도대체 무엇일까? 우리는 직감적으로만 멋의 유무를 이러쿵저러쿵 따지고 있는 것 같다. 사실 나도 친한 사람들과 멋에 관한 이야기를 자주 나눈다. 여기에서 멋에 관한 내 의견을 밝히고자 한다.

위 연습 문제에서 '무언가와 무언가를 비교하는 방법'으로 멋의 정체를 밝히라고 했다. 즉, '멋진 사람'과 '멋지지 않은 사람'을 비교하라는 뜻이다.

'멋진 사람'이라는 말을 들으면 누구를 떠올리는가! 나는 일본 가수이자 배우인 기무라 타쿠야를 떠올린다. 일단 기무라 타쿠야를 '멋진 사람'의 기준으로 삼겠다. 기무라 타쿠야는 5단계 평가로 '5점'이고, 100점 만점에 '100점'인 존재다.

내 경우 '멋'을 구축하는 것이 '자신감'과 '업무 실적'이라고 생각한다. 멋의 조건으로 복장(패션 센스)이나 외모(아름다운 얼굴이나 몸매 등) 등을 드는 사람도 많을 것이다. 하지만 그것은 매우 표면적인 조건이다. 옷을 잘 입지도 않고 미남도 아니지만, 이상하게 존재감 강한 멋진 남

제4장 비교

성도 있다. 파티에서 화려한 드레스를 입지 않아도 어쩐지 눈에 띄는 멋진 여성도 있다.

그러니 표면적인 조건 말고 '자신감'과 '업무 실적'의 조합으로 '멋'의 유무와 그 정도를 정해보자. 조합은 곱셈의 개념이며 '자신감'이나 '업무 실적' 중 어느 하나가 '0'이라면 멋도 '0'이 된다는 사고방식이기 때문에 다음과 같이 표현할 수 있다.

멋 = 자신감 × 업무 실적

여기에서 우리는 자신감이 있으면 좋은 업무 실적을 거둘 수 있고, 좋은 업무 실적을 거두면 자신감이 생긴다는 사실을 깨달을 수 있다. 다시 말해 '자신감'과 '업무 실적'은 떼려야 뗄 수 없는 관계다.

그럼 '자신감 × 업무 실적'의 정체는 도대체 무엇일까? 나는 '노력의 양'이라고 대답하고 싶다. 아무에게도 지지 않겠다고 거침없이 말할 수 있을 만큼 압도적인 노력을 쌓아온 사람이라면 그만한 자신감을 지닐 수 있다. 압도적인 노력은 분명히 업무 실적과도 직결될 것이다. 요컨대 '멋'은 그 사람의 '노력의 양'이다.

멋 = 자신감 × 업무 실적 = 노력의 양

자, 이제 최고로 멋진 사람의 기준인 '기무라 타쿠야'와 '나'를 비교할 차례다. 기무라 타쿠야와 나는 활동 분야가 다르므로 단순 비교가 불가능하지만, 앞에서 살펴본 멋의 정의를 바탕으로 어떻게든 비교해보겠다.

나는 기무라 타쿠야만큼 노력하고 있을까? 이 물음에 순간적으로 머릿속에서 '아니요'라는 대답이 맴돈다. 그는 수많은 사람이 주목하고 막대한 돈이 오가는 연예계에서 내가 상상도 못 할 압박을 견디며 프로로서 훌륭한 퍼포먼스를 보여주고 있다. 그의 엄청난 노력의 양은 나와 비교할 수 없을 만큼 크다고 생각된다.

기무라 타쿠야에게 있는 '멋'이 왜 나에게는 없을까? 일련의 생각을 거치면서 그 이유를 납득할 수 있었다. 나는 그만큼 노력하지 않았기 때문이다. 이 사고 과정에서 '멋'이라는 매우 정성적인 개념을 '노력의 양'이라는 정량적인 개념으로 변환할 수 있다는 데 주목해야 한다. 이

제4장 비교

얼마나 감동적인가. 나는 이 감동을 한 명이라도 더 많은 사람에게 전달하고 싶다.

연습 문제를 통해 '비교는 차이를 명백히 밝히는 기능이다.'라는 문장이 품고 있는 본질을 다시금 확인할 수 있었다. 멋을 지닌 기무라 타쿠야와 멋이 없는 나를 수학적 사고로 비교해봤더니 패션 센스나 외모 같은 표면적인 조건이 아니라, 가장 본질적인 면에서의 차이를 알게 됐다.

세상에는 표면적인 비교만으로 끝내버리는 사람이 너무나도 많다. 조금 더 깊이, 조금 더 수학적으로, 올바르게 비교함으로써 소중한 무언가를 깨달았으면 좋겠다.

연습 문제에 대한 여러분의 답은 무엇인가? 아무쪼록 자신만의 답을 찾아 많은 사람과 공유해보길 바란다. 다양한 사람들의 생각과 사고방식을 나누는 일은 인간을 풍요롭게 만드는 멋진 방법이다.

남들과 비교하지 않아도 행복해질 수 있을까?

이번 장을 마무리하면서 교육자로서의 메시지를 짧게 덧붙이고 싶다. 자신을 굳이 기무라 타쿠야와 비교하지 않아도 된다. 비교해서 우열을 가리는 것이 무슨 의미가 있겠는가? 하지만 비교하기를 권하는 상황이 딱 하나 있다. 어떤 목표를 이루기 위해 노력하거나 누군가와 경쟁해야 할 때다.

프레젠테이션에 꼭 성공하고 싶다면 좋고 나쁜 프레젠테이션을 비교할 줄 알아야 한다. 오디션에 꼭 합격하고 싶다면 라이벌을 철저히 비교해서 전략을 짜야 한다.

남들과 비교하지 않아도 괜찮은 세상에서 살아가고 있지만, 어떻게든 남을 꼭 이기고 싶은 상황에서만큼은 비교하기를 피하지 말아야 한다. 도망치지 않고 경쟁하는 것이 행복으로 이어지는 길인 경우도 있다. 살아가다 보면 그런 상황에 여러 번 맞닥뜨리는, 그것이 인생이다.

만약 내가 (현실적으로 있을 수 없지만) 기무라 타쿠야를 진심으로 이기고 싶다면 난 그와 비교하기를 주저하지 않을 것이다. 그와의 차이를 명백히 밝히고, 이기기 위해 해야 할 일을 찾아내고, 노력할 것이다. 나의 행복을 위해.

감정적인 말들을 너무 많이 한 것 같은데, 이쯤에서 마치고 다음 트레이닝으로 넘어가자.

Note

제5장
구조화

세상을
유추로 이해한다

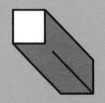

수학의 '최종 목표'는
설명할 수 있는 상태로 만드는 것

수학의 '최종 목표'는 무엇일까? 방정식이나 도형 문제의 정답을 찾는 거라고 대답한다면, 수학의 극히 일부분밖에 모르는 것이다. 같은 질문에 내가 제시하는 답은 다음과 같다.

수학의 '최종 목표'는 설명할 수 있는 상태로 만드는 것이다.

학창 시절에 공부했던 수학 교과서에는 수많은 공식과 법칙이 실려 있다. 원의 면적을 구하는 공식, 삼각함수의 성질과 사인법칙 및 코사인법칙, 세상에서 가장 아름다운 공식인 오일러 공식, 지수함수를 미분하는 규칙…….

사실 이 모든 공식과 법칙은 처음에 아무도 몰랐던 내용을 누군가가 명확히 밝혀내고 설명할 수 있는 상태로 만든 것이다. 누군가가 공식과 규칙을 만들어준 덕분에 우리는 수학 교과서를 공부하고 시험에서 정답을 답안지에 적을 수 있었다. 이미 정답을 알고 있는 문제를 공식만 적용해 푸는 것은 수학이 아니다. 그 점을 조금이라도 느낀다면 좋겠다.

자, 이제 이야기를 비스니스 쪽으로 들어보자.

당신의 업무에 어떤 문제가 생겼다고 가정하자. 예를 들어, 매출이 떨어졌다거나 동료와의 관계가 나빠졌다거나, 무슨 문제든 상관없다. 당연히 그 문제를 해결하고 싶을 것이다. 처음에는 어떤 상황인지도 확실하지 않고 도대체 왜 이렇게 되었는지 알 수 없다. 모호한 상태에서 실마리를 찾아 문제의 원인과 해결책을 밝혀내야 한다. 그 과정이 '누군가에게 설명할 수 있는 상태로 만든다는 것'과 같은 의미다. '업무 계획을 상사에게 체계적으로 설명할 수 있을 정도로 정리는 못 했지만, 임기응변으로 설득하면 어떻게든 되겠지.'라는 안이한 생각은 통용되지 않는다.

수학과 회사 업무 사이에는 공통점이 있다. 둘 다 최종 목표가 '설명할 수 있는 상태로 만드는 것'이라는 사실이다. '아무도 몰랐던 내용을 명확히 밝혀내고 설명할 수 있는 상태로 만드는 것'을 나는 '체계화'라고 부른다. 조금 가볍게 표현하자면, 체계화는 '이런 식으로 이루어져 있습니다.'라고 언어화하는 행위다.

구체적인 예로, 이 책의 목차를 살펴보자. 목차는 바로 '이 책은 이런 식으로 이루어져 있다.'라고 언어화한 것이다. 처음에는 무엇인지 모르는 책의 내용을 '누군가'가 명확히 밝혀내고 설명할 수 있는 상태로 만든다. 그 '누군가'가 저자이다.

또한, 다양한 장르의 여러 책 가운데 어떤 게 베스트셀러가 될 가능성이 큰지 알고 싶다고 하자. 본문에 특정한 단어를 많이 사용하는 책이 베스트셀러가 된다는 경향을 발견한다면, "요즘 시대에 잘 팔리는 책에는 ○○라는 단어가 많습니다(혹은 적습니다)."라고 언어화해서 설명할 수 있다.

다시 한번 정리하자면, 수학의 '최종 목표'는 설명할 수 있는 상태로 만드는 것이고 이를 체계화라 부른다. 즉 어떤 것이든 '이런 식으로 이루어져 있습니다.'라고 언어화하는 행위가 체계화이다.

체계화는
두 종류가 있다

'이런 식으로 이루어져 있습니다.'라고 언어화하는 행위
인 체계화는 두 종류로 나눌 수 있다.

· 이런 구조로 이루어져 있습니다.(구조화)
· 이런 관계로 이루어져 있습니다.(모델화)

사람에 따라서는 이 둘을 똑같은 의미로 받아들일 수
있다. 하지만 이것을 분류해 생각해야, 쉽게 정리하고 실
천할 수 있다.

먼저 '이런 구조로 이루어져 있습니다.'인 구조화의 예
부터 살펴보자. 구조란 '짜임새'를 말한다. 이 책의 목차

는 '이 책은 이런 구조로 이루어져 있습니다.'라고 나타낸 것이다. 목차는 곧 이 책의 '짜임새'를 가리킨다.

실제로 우리가 수학에서 배운 사례도 들어보자. 삼각형의 합동 조건을 기억하는가? 합동이란 두 도형의 크기와 모양이 같아서 서로 포개면 꼭 들어맞는다는 뜻이다.

· 세 변의 길이가 모두 같을 때
· 두 변의 길이와 그 끼인각의 각도가 같을 때
· 한 변의 길이와 그 양 끝 각의 각도가 같을 때

시험 보기 전 이 합동 조건을 열심히 외웠던 기억이 있을 텐데, 이것도 훌륭한 체계화다. 두 삼각형이 합동인지 판단하는 수법을 세 개로 분류하고 각각의 짜임새를 설명하고 있다.

다음으로 '이런 관계로 이루어져 있습니다.'인 모델화의 예이다. 앞서 소개한 베스트셀러의 예를 다시 살펴보자. 만약 책의 본문에 부사의 수가 적을수록 판매 부수가 많아지는 경향이 밝혀졌다면, 부사의 수와 판매 부수 사이에 일정한 관계가 존재한다는 뜻이 된다. 수학에서

제5장 구조화

는 이를 '함수'로 표현한다.

실제로 미국에서 '베스트셀러 서적에는 부사의 수가 적다.'라는 조사 결과가 발표되었다. 상세한 내용은 『나보코브가 가장 좋아하는 단어는 모브(Nabokov's Favorite Word Is Mauve)』라는 서적에 설명되어 있다. 부사는 꾸며주는 역할을 하는 단어로 문장에서는 일종의 장식이다. 좋은 문장은 군더더기가 없고 깔끔하다. 수학이라는 학문에서도 설명에 쓸데없는 말이 많으면 아름답지 못하다고 여겨진다. 매우 흥미로운 책이므로 관심이 있다면 꼭 읽어보기 바란다.

마지막으로 삼각함수로 알려진 sin(사인)과 cos(코사인)을 기억하는가? 수학에 부정적인 사람이라면 '이런 걸 배워서 무슨 소용이야?'라는 의문을 품게 되는 대표적인 내용이다. 소용에 관한 설명은 다른 수학 학습서에 양보하고, 우리는 sin(사인)과 cos(코사인)의 관계에 집중해보자.

$$\sin(\alpha + \beta) = \sin\alpha\,\cos\beta + \cos\alpha\,\sin\beta$$

이것은 삼각함수의 덧셈정리이다. 이 공식을 이용해 단순히 계산하는 것은 수학이 아니다. sin(사인)과 cos(코사인)의 관계를 체계적으로 살펴보고 '이런 관계로 이루어져 있습니다.'라고 설명하는 것이 진정한 수학적 사고이다.

예전 수학 수업에서 '○○을 증명하라.'라는 문제를 접한 적이 있었을 것이다. '이미 옳다고 아는 내용을 왜 굳이 또 증명해야 할까?'라는 의문을 품지 않았는가? 아마 그 의문이 지금 이 순간에 풀렸을지도 모르겠다.

'짜임새'를 밝히는
트레이닝

이번 장에서는 '이런 구조로 이루어져 있습니다.'라고 설명하는 행위에 관해 트레이닝해보자. 앞으로 이 행위를 '구조화'라 하겠다. 거듭 말하지만, 구조는 곧 '짜임새'다. 연습 문제를 즐겁게 풀어보면서 그 감각을 익혀보기 바란다.

연습 문제

당신의 집을 구조화하시오.

_____

_____

생각하기 편한 주제가 아닐까 싶다. 핵심은 집을 몇 가지 '덩어리'로 파악하고, '덩어리'의 위치를 밝히는 것이다. 예를 들어 '현관'에 들어가면 곧바로 '욕실'과 '화장실'이 따로 있고, 그 안쪽에 '주방 겸 거실'이 있다. 그리고 더 안쪽에 '침실'이 있다. 이러면 '덩어리'는 다섯 개가 된다. 위치 관계까지 고려하면 이 집의 '짜임새'는 '이런 구조로 이루어져 있습니다.'라고 아래 그림과 같이 설명할 수 있다.

나는 책의 목차를 구상할 때면 위 연습 문제를 풀 때와 똑같은 요령으로 생각한다. 어떻게 보면 이 그림은 책의 목차와 닮았다. 목차는 책의 구조를 표현한다. '제1장 다음에 제2장이 있고, 제2장 다음에 제3장이 있고……'

라는 식으로 '이 책은 이런 구조로 이루어져 있습니다.' 라고 설명한다. 이런 감각을 마음속에 품고 다음 연습 문제로 넘어가 보자.

당신의 인간관계를 구조화하시오. 그리고 '대인관계의 스트레스'를 밝히시오.

우선 내 입장에서 답변을 해보겠다. 가장 먼저 소중한 인간관계인 가족이 존재한다. 사적으로 알고 지내는 지인도 있다. 하지만 40대 중반이 되자 (어디까지나 나의 경우이지만) 사적으로 사람을 만날 기회가 급격히 줄었다. 실제 만나는 지인은 학창 시절 친구와 그 외에 몇 명뿐이다. 현재 나에게 가장 큰 인간관계는 업무상 관련 있는 인맥이다. 첫째, 사업 파트너가 있다. 둘째, 나와 같은 교육이나 연수 업계에서 일하는 동종 업계 종사자들이 의외로 많다. 셋째, 옅은 관계성이지만 SNS 팔로워와 매거진 구독자도 있다. 이러한 여러 인간관계를 인원과 중요도에 따라 배치하면 다음 그림과 같다. 각 인간관계를 '덩어리'로 파악하고 각각의 위치를 밝히며, 구조화의 원리에 따라 표현한 것이다.

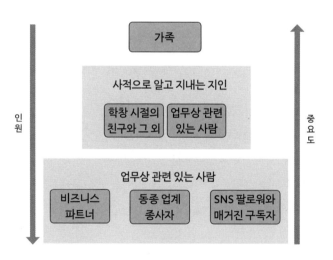

이 그림을 보고 별로 중요하지 않은데도 스트레스가 많은 '덩어리'가 있다는 사실을 새삼 깨달았다. 먼저 '동종 업계 종사자'가 그렇다. 정말 안타까운 일이지만, 인간은 질투하는 동물이다. 동종 업계 종사자들 가운데는 자기 자랑만 늘어놓고 서열 확인을 하려는 사람이 적지 않다. 내게는 별 유익하지 않은 존재이며, 오히려 내 발목을 잡을 가능성도 있다.

SNS 팔로워와 매거진 구독자 중에서도 (정말로 극히 일부이지만) 무조건 부정적인 감정으로 나를 공격하는 사람이 있다. 간단히 말해, 중요하지 않은 사람일수록 나에게 스트레스를 준다.

그렇게 생각하니, 인간관계를 유지해야 할 존재는 실로 얼마 되지 않는다는 사실을 알아차렸다. 지금까지 중요하지 않은 관계를 유지하느라 스트레스를 받아온 것이 억울하게 느껴질 정도다.

내 이야기는 여기까지다. 여러분의 인간관계는 어떤가? 마치 피라미드 같은 그림이 어디서 많이 본 거 같지 않은가? '논리적 사고'나 '문제 해결법'에 관련된 서적 혹은 세미나 자료에 자주 등장하는 그림이다. 비즈니스에서 사용하는 '논리적 사고'나 '문제 해결법'이 '구조화'와 떼려야 뗄 수 없는 관계이기 때문이다. 이것만 봐도 수학 자체가 아닌 수학적 사고가 직장인들의 일상에 얼마나 도움을 주는지 실감할 수 있다.

언뜻 달라 보여도
실은 구조가 똑같은 것

구조화의 장점은 '설명할 수 있는 상태로 만드는 것이 가능하다.'라는 점이다. 그 외에도 구조화는 일상생활에서 닮은 것을 찾아내는 데 도움을 준다. 앞에서 풀어본 '집의 구조화'에 관한 연습 문제를 떠올려보자. 집의 구조를 그림으로 표현한 것을 나는 '서적의 목차와 닮았다.'라고 했다.

마찬가지로 '인간관계'에 관한 연습 문제에서는 피라미드와 같은 그림을 보고 전에 어딘가에서 본 것과 닮았다고 느꼈다. '닮았다'라는 말의 정체를 한 줄로 언어화하면 다음과 같다.

닮았다 = 같은 구조를 지니고 있다

너무 추상적이라서 잘 이해하지 못하는 사람도 있을 테니, 구체적인 예를 들어보자.

남자 + 여자 = 사랑

위와 같은 사고방식이 있다. 이것은 사랑의 구조를 설명한다. 어떤 것 X와 어떤 것 Y를 합하면 또 다른 것 Z가 탄생한다는 (X + Y = Z) 구조의 일례다.

연습 문제를 하나 풀어보자.

예시로 든 '사랑' 외에 X + Y = Z 구조에 해당하는 사례를 들어보시오.

_____

_____

_____

　　　　　　　　　　　　　　　　　제5장 구조화

어렵게 생각할 필요가 없다. '숯'은 어떨까? 숯의 구조는 아래와 같이 표현해도 무방하다.

나무 + 불 = 숯

여기에서 도출되는 결론은 무엇일까? 그것은 사랑과 숯이 같은 구조라는 사실이다. 앞에서 설명했듯이 같은 구조라는 것은 곧 '닮았다'는 뜻이다. 결국 '사랑과 숯은 닮았다. 서로 다른 것끼리 착 달라붙어 불타오른다. 어쩌다 기분 좋은 바람이 불면 그 기세는 더욱 거세진다.'라는 비유적인 이야기도 지어낼 수 있다. '닮은 것'을 찾아내고, '닮은 것'으로 설명하는 것은 수학적 사고와 깊은 관련을 맺고 있다.

유추(analogy)라는 단어를 들어본 적이 있는가? 유추는 어떤 사물과 다른 사물의 유사성을 근거로 다른 사물을 미루어 추측하는 인지 과정을 뜻한다. 우리가 주목해야 할 단어는 '유사성'이다. 말 그대로 '닮았다'는 의미다. '사랑과 숯은 닮았다.'라는 말이 바로 유추의 결과다. '사랑'의 특징을 추려내고, 그 특징과 닮은 '숯'을 가져와서 사랑과 숯이 같은 구조라고 결론 내린다. 언뜻 달라 보이지만 실은 구조가 똑같은 것을 가져와서 설명한다. 우리 일상에서도 자주 활용하는 설명 방법이 아닐까 싶다.

이와 마찬가지로 X를 물, Y를 설탕으로 둔다면 다음과 같은 비유적인 이야기를 지어낼 수 있다. '사랑과 설탕물은 닮았다. 둘 다 서로 다른 것끼리 녹아들어 탄생한다. 하지만 온도가 떨어지면 잘 섞이지 않는다.'라고 말이다.

'유추 뇌'를 만드는
트레이닝(기초 편)

유추란 무엇인지 연습 문제를 통해 감각적으로 파악해
보자.

연습 문제

'이혼'과 닮은 것(언뜻 달라 보여도 실은 구조가 같은 것)을
들어보시오.

이혼은 결혼해야만 할 수 있다. 결혼은 일종의 '계약'이다. 즉, 이혼은 계약을 해지하는 행위이다. 계약 해지는 더 나은 발전을 위한 방법일 수 있다. 그렇게 생각하면 이혼은 '계약' '해지' '더 나은 발전'이라는 세 가지 '덩어리'로 이루어졌으며, 다음과 같은 관계라고 할 수 있다.

(계약)→(해지)→(더 나은 발전)

다시 말해, 위와 같은 구조를 지닌 다른 것을 찾아내면 그것이 곧 이 연습 문제의 정답이 된다. 예를 들면, '퇴직'은 어떨까? 퇴직하려면 일단 고용 계약을 맺어야 한다. 그러나 세월이 지나면 발전적인 이별을 해야 할 때가 찾아온다. 고용 계약을 해지하고 미래를 향해 새로운 한 걸음을 내디뎌야 한다. '퇴직'은 그야말로 '이혼'의 구조와 똑같다.

'이혼'은 '퇴직'과 닮았다. 그러나 세상은 이혼에 대해서만 부정적인 것 같다. 퇴직할 때는 지금까지 수고했다면서 송별회도 열어준다. 하지만 이혼했다고 꽃다발을 안겨주거나 수고했다고 말해주는 사람은 없다.

이자카야의 '술'과 닮은 것(언뜻 달라 보여도 실은 구조가 같은 것)을 들어보시오.

_____

_____

_____

_____

_____

이자카야는 술을 많이 팔아야 돈을 버는 구조다. 이자카야에서 냉 두부나 꼬치구이 같은 안주를 저렴하게 팔 수 있는 이유는 술로 이윤을 많이 남기기 때문이다.

이자카야의 영업 방식을 간단히 구조화해보자. 일단 '안주'와 '술'이라는 두 개의 '덩어리'가 있다. 각각의 특징으로서 '안주'는 추가 주문이 거의 없지만, '술'은 추가 주문이 자주 발생한다는 점이 있다. 결국 이자카야의 영업 방식은 술의 추가 주문을 얼마나 받느냐가 관건이다. 즉,

안주보다 술을 여러 번 추가 주문하는 사람이 가게 입장에서는 '좋은 손님'이다.

안주	이윤	술
적다	이윤	많다
없다	추가 주문	있다

이런 구조와 똑같은 것이 무엇인지 생각해보자. 나는 이자카야의 영업 구조가 프린터 판매 업체의 영업 구조와 닮았다고 생각한다.

프린터 판매 업체는 프린터 본체만 팔아서는 이윤이 남지 않는다. 잉크를 꾸준히 팔아야 이윤이 남는다. 이런 프린트 판매 업체의 비즈니스 모델은 관련 업계에서 매우 유명한 이야기다.

프린터 판매 업체에서 파는 물건은 '프린터'와 '잉크'다. '프린터'는 이윤이 적고, 추가 주문이 없다. '잉크'는 이윤이 많고, 지속적인 주문이 발생한다. 그야말로 이자카야의 영업 구조와 똑같다.

여러분이 회사원이라면, 이런 사고방식을 활용해 '우리 회사에서 이와 비슷한 구조로 새로운 사업을 벌일 수 있을까?'라고 아이디어를 낼 수 있다. 구조화를 통해 닮을 것을 발견하는 일이 중요한 이유다.

마지막으로 유추의 사고 과정을 정리해보자. 일단 '덩어리'를 밝혀내고, 각 덩어리의 '특징'을 추려낸다. 이는 어떤 사물에 관해 '이렇게 이루어져 있습니다.'라고 설명하는 데 매우 효과적이다.

'유추 뇌'를 만드는
트레이닝(응용 편)

다음은 이나모리 가즈오가 남긴 말이다. 이 말이 왜 명언
인지 '구조'의 관점에서 생각해보시오.

"어리석은 사람은 단순한 것을 복잡하게 생각한다. 보통
사람은 복잡한 것을 복잡하게 생각한다. 영리한 사람은 복
잡한 것을 단순하게 생각한다."

개인적으로 매우 좋아하는 말이다. 많은 사람이 '과연 옳은 말이다!'라고 무릎을 칠 만한 명언 아닌가. 곧바로 이 명언을 구조화해보자(그림 A 참조). 일단 '덩어리'를 밝혀내고 위치를 정한다. 이렇게 해보면 '어리석은 사람'과 '영리한 사람'이 정반대의 개념이라는 사실을 알 수 있다. 매우 간단한 구조로 본질을 설명해낸 것이 이 명언의 매력이다.

A.

사람	사물	생각
어리석은 사람	단순	복잡
보통 사람	복잡	복잡
영리한 사람	복잡	단순

여담이지만, 나는 이처럼 '간단하지만 본질을 꿰뚫는 구조'를 보면 '아름답다'고 느낀다. 수학자도 '단순하지만 본질을 담고 있는 수식'을 '아름답다'고 평가한다. 여러분

이 이런 아름다움을 느낄 수 있다면 수학자의 감성에 한 걸음 다가간 것이다.

앞에서 소개한 이나모리 가즈오의 명언을 활용해 당신만의 명언을 만들어보시오.

연습 문제를 낸 의도에 관해 보충 설명을 조금 하겠다. 이나모리 가즈오의 명언에는 구조가 존재한다. 그 명언과 동일한 구조를 지니는 다른 문장을 생각해보자. 이것 역시 유추를 활용하는 연습 문제다. 어렵게 생각하지 말고 되도록 즐겁게 풀어보자.

명언의 구조를 다시 떠올려본다(그림 B 참조). 적혀 있는 알파벳을 다른 구체적인 무언가로 바꿔놓으면 새로운 명언이 탄생한다. 상상력을 발휘해보자. 이 과정이 유추에서 가장 즐거운 부분이다.

쉬운 예로, '일 잘하는 사람'과 '일 못하는 사람'이 있다. 이 둘은 그야말로 정반대의 존재다. 여기에 '바쁘다'와 '한가하다'라는 개념을 적용하면 된다(그림 C 참조).

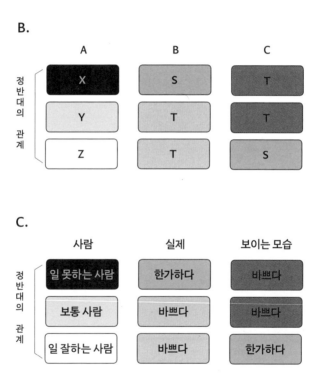

B.

	A	B	C
정반대의 관계	X	S	T
	Y	T	T
	Z	T	S

C.

	사람	실제	보이는 모습
정반대의 관계	일 못하는 사람	한가하다	바쁘다
	보통 사람	바쁘다	바쁘다
	일 잘하는 사람	바쁘다	한가하다

'일 못하는 사람은 한가할 때 바빠 보인다. 보통 사람은 바쁠 때 바빠 보인다. 일 잘하는 사람은 바쁠 때 한가해 보인다.' 이나모리 가즈오의 명언보다는 뒤떨어지지만, 본질을 확실히 담아낸 어엿한 문장이 탄생했다. 이렇게 생각해낸 명언을 꼭 주변 사람과 공유해봤으면 좋겠다.

구조화 실력을
비약적으로 높이는 습관

이번 장을 마무리하면서 습관에 관해 이야기하고 싶다. 구조화는 논리가 아닌 감각으로 이해해야 한다. 어떤 상황에서나 활용할 수 있는 완벽한 방법론은 존재하지 않는다. 평소 트레이닝을 얼마나 열심히 하느냐가 구조화 실력을 높이는 열쇠다. 그렇기에 이런 제안을 해본다.

'평소에 비유적인 이야기를 하는 습관을 길러라.'

비유적인 이야기가 무엇인지 다시 한번 정리해보자. 닮은 것을 찾아내는 사고 회로가 이번 장의 주제였다. 사랑의 구조는 숯의 구조와 닮았다. 그러므로 '사랑은 숯과 같다.'라는 비유 표현을 할 수 있다.

- 이혼은 퇴직과 구조가 닮았다.→이혼하는 것은 퇴직하는 것과 같다.
- 이자카야의 영업 방식은 프린터 판매 업체의 비즈니스 모델과 구조가 닮았다.→이자카야의 술은 프린터 판매 회사의 잉크와 같다.

다시 말해, 'A는 B와 같은 것이다.'라는 비유적인 이야기를 생각해내는 것이 곧 구조화 과정을 연습하는 일이다. 이런 연습이 업무에 직접적인 도움이 될지는 알 수 없다. 하지만 도움이 되는 일만 하려다 보면 습관으로 정착시킬 수 없다. 게임이나 놀이를 즐기듯이 가벼운 마음으로 시도하는 것이 비결이다. 잠깐 시간이 날 때 커피를 마시면서, 혹은 전철을 타고 출퇴근하는 사이에, 절대 무리하지 않는 선에서 습관처럼 '비유'를 즐겨보기 바란다.

마지막으로 몇 가지 자습 문제를 소개하겠다. 이 외에도 자유롭게 주제를 정해 구조화 훈련을 해보는 것도 좋다.

'의욕'을 다른 것에 비유해보시오.('의욕'은 ○○와 같은 것
이다.)

_____

_____

_____

_____

_____

_____

_____

_____

_____

_____

참고로 나의 답은 '의욕은 똥과 같은 것이다.'였다. 그
이유(어떻게 구조화했는가?)에 관해서도 꼭 생각해보기
바란다.

코로나바이러스 확산에 대한 정부의 정책을 다른 것에 비

유해보시오.

_____

_____

_____

_____

_____

_____

_____

_____

　　어떤 사람은 이 문제에 코로나바이러스 확산에 대한 정부 정책은 액셀과 브레이크를 동시에 밟는 것과 같다고 대답했다. 외출 자제를 요청하면서도 일본 국내 여행 활성화 정책인 'Go To 트래블'을 추진한 일본 정부를 비판한 것이다.

단리로 증가하는 예금 그래프와 복리로 증가하는 예금 그래프의 형태를 다른 것에 비유해보시오.

_____

_____

_____

_____

_____

_____

나의 답은 '단리 그래프는 계단이고, 복리 그래프는 등산이다.'이다. 같은 폭으로 예금이 증가하는 단리는 한 단 한 단이 같은 높이로 만들어진 계단을 오르는 것과 같고, 점점 큰 폭으로 예금이 증가하는 복리는 서서히 경사가 급해지는 산을 오르는 것과 같다.

'확률'을 다른 것에 비유해보시오.

_____

_____

_____

_____

_____

_____

_____

나의 답은 '확률은 면적이다.'였다. 수학에 관심이 많은 사람이라면 확률과 면적이 동일한 성질이라는 점을 잘 알 것이다.

'언뜻 달라 보여도 실은 구조가 똑같은 것'은 이 세상에 얼마든지 존재한다. 그러니 비유적인 표현을 찾아내는 훈련을 열심히 해보자.

제6장
모델화

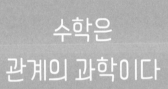

수학은
관계의 과학이다

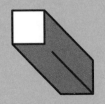

우리는 함수에 둘러싸여 산다

'모델'이라는 말을 들으면 무엇을 연상하는가? 어쩌면 패션모델을 떠올릴 수도 있지만, 이 책에서 사용하는 '모델'이라는 표현은 의미가 다르다. 모델은 어떤 사물이나 현상에 관한 여러 요소와 그 상호 관계를 식으로 표현한 것이다. 이번 장에서는 이러한 모델화를 트레이닝해보겠다.

체계화에는 두 종류가 있다. 그중 하나가 제5장의 주제였던 구조화다. 구조화는 '이런 구조로 이루어져 있습니다.'라고 설명할 수 있는 상태로 만드는 것이다. 이번 장에서는 체계화의 또 다른 종류인 모델화를 살펴보겠다. 모델화는 '이런 관계로 이루어져 있습니다.'라고 설명할 수 있는 상태로 만드는 것이다.

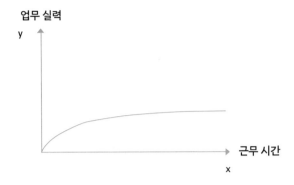

업무 실력

y

근무 시간

x

예를 들어, 업무를 도와줄 아르바이트 직원을 고용했나고 하자. 처음에는 아르바이트 직원이 업무 방법을 스펀지처럼 흡수해서 급속도로 성장한다. 하지만 같은 일만 계속하다 보면 매너리즘에 빠져 서서히 성장 속도가 둔해진다. 이것은 매우 흔한 사례다.

이것을 수학적으로 파악해보자. 아르바이트 직원의 '근무 기간(x)'과 '업무 실력(y)'은 서로 관계가 있다. 처음에는 근무 기간이 늘어날수록 업무 실력이 향상된다. 하지만 업무에 익숙해지다 보면 결국에는 성장을 멈추고 업무 실력이 일정하게 유지된다.

제6장 모델화

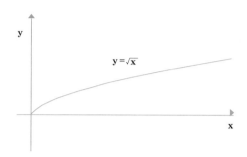

덧붙여, y=√x라는 함수의 그래프는 위와 같다. 이 두 그래프는 매우 닮았다. 다시 말해, 아르바이트 직원의 '근무 기간(x)'과 '업무 실력(y)'은 y=√x와 비슷한 관계라고 설명할 수 있다.

우리는 수학 시간에 함수를 배웠다. 함수는 x와 y의 관계를 수식으로 표현하는데, 우리가 사는 세상에는 x와 y의 함수로 표현할 수 있는 대상이 수없이 많다. 예를 들어, 프랑스 보르도산 와인 품질을 고도의 분석 수법으로 예측한 사람이 있다. 와인을 좋아하는 경제학자 올리 아셴펠터(Orley Ashenfelter)는 다음과 같은 식을 제시했다.*

와인의 품질 = (0.00117×겨울 강우량) + (0.06164×육성기 평균 기온) - (0.00386×수확기 강우량) + (0.02385×숙성 햇수) -12.145

아셴펠터는 포도 생육에 영향을 미치는 몇 년 분량의 데이터를 바탕으로 수식 속 네 가지 요인(겨울 강우량, 육성기 평균 기온, 수확기 강우량, 숙성 햇수)이 와인의 품질을 예측하는 데 효과적이라는 사실을 밝혀냈다. 물론 이 모델은 와인 애호가나 다른 학자들로부터 여러 비판과 시적, 낭성에 의심을 받지만 이 책은 학술서가 아니므로 그 점에 관해서는 다루지 않겠다. 다만 말하고 싶은 것은 '이런 관계로 이루어져 있습니다.'라고 설명하는 행위가 함수를 만드는 것과 매우 닮았다는 사실이다.

* 올리 아셴펠터의 웹사이트 관련 문헌을 토대로 저자가 일부 간략화했다.

함수를
'만들어본 적'이 있는가?

그렇다면 '함수'라는 것이 우리 일상에 도대체 어떤 이득을 가져다줄까?

'기온'과 '뜨거운 커피의 판매량'을 이용해 함수를 만들어 보시오.

일반적으로 기온이 높아질수록 뜨거운 커피는 잘 팔리지 않을 거라고 생각한다. 나도 무더운 여름에 카페에 가면 꼭 아이스 커피만 주문한다. 쉽게 생각하면 양수 a를 사용해 다음과 같이 표현할 수 있다.

y = -ax (x: 기온, y: 뜨거운 커피의 판매량, a: 양수)

하지만 이대로는 미완성이다. 이 함수대로라면 기온이 0℃일 때, 즉 x가 0일 때 y도 0이 되기 때문이다.

y = (-a) × 0 = 0

0℃는 한겨울 기온인데, 뜨거운 커피가 전혀 팔리지 않는다는 것은 현실적으로 불가능하다. 오히려 불티나게 팔려야 하는 날씨다. 그러므로 '적절한 수 b'를 사용해 다음과 같이 조정하는 것이 타당하다.

y = -ax + b (x: 기온, y: 뜨거운 커피의 판매량, a: 양수, b: 양수)

이 함수를 그래프로 나타내면 다음 그림과 같다. 이 그래프는 우리 직감과도 일치한다.

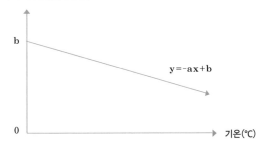

연습 문제를 푸는 행위는 '이런 관계로 이루어져 있습니다.'라고 설명하는 행위와 다를 게 없다. 아마 이 정도는 누구라도 이해할 수 있는 수학 이야기이다. 하지만 예전에 학교에서 배운 함수는 아래와 같은 문제의 답을 찾는 작업이 대부분이었을 것이다.

〈문제〉

일차함수 $y=5x+30$이 주어진 경우, $y=100$일 때 x를 구하라.

이 책을 여기까지 읽었다면 이 문제가 '인간의 사고'가 아닌 '기계적인 작업'을 요구한다는 사실을 알아차렸을 것이다. 분명히 말하지만, 이 문제는 이미 수학이 아니다. 앞선 연습 문제처럼 '함수를 만드는 것'이 본래의 수학이며, '주어진 함수에서 x를 구하라'는 식의 문제는 그저 계산일 뿐이다. 중요한 메시지이므로 꼭 기억해두기 바라며, 다음으로 넘어가자.

'딱 적절한 정도'를 정해주는 수학적 사고

솔직히 현실 세계에는 수학 교과서에 나올 법한 완벽한 함수가 거의 존재하지 않는다. 예를 들어, 기온과 뜨거운 커피의 판매량 함수에서 정확한 데이터를 살펴보면 반듯한 직선이 그어지지 않는다. 때에 따라 판매량이 들쭉날쭉한 게 당연하며, '기온이 1℃ 올라갈 때마다 뜨거운 커피 판매량이 몇 개 줄어든다.'라고 정확히 이야기할 수 없다. 우리는 현실 세계에서 함수를 만들 때 '다소의 오차가 있지만, 대략 이런 경향이 있다.'를 보여주는 것으로 만족해야 한다.

기온과 뜨거운 키피의 판매량 이야기를 계속하자면, 앞항의 그래프에서 오른쪽 아래로 점점 내려가는 직선은 사실 아래 그래프에서 수많은 점으로 찍혀 있는 여러 데이터의 '대표적인 경향성'을 바탕으로 한 것뿐이다. 여러 데이터의 경향성을 표현하는 대표적인 하나의 직선 (하나의 함수)이라고 이해하면 된다.

y=-ax+b (x: 기온, y: 뜨거운 커피의 판매량, a: 양수, b: 양수)

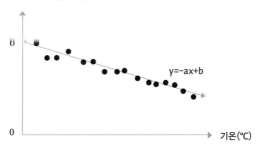

그러면 이 직선은 대체 어떤 성질을 지녔다고 정의해야 할까? 직감적으로 표현하면 '흩어져 있는 모든 점에서 가장 가깝도록 그은 직선'이다. 실제 수학적으로는 '각 점에서의 거리 제곱의 합이 최소가 되는 직선'이라고 정의한다.

최소제곱법이라는 개념인데, 이것을 이해하려면 고도

의 수학 이론이 필요하다. 이 책의 취지에서 벗어나므로 최소제곱법에 대한 설명은 다른 전문 서적에 맡기자. 우리는 그저 '흩어져 있는 모든 점에서 가장 가깝도록 그은 직선'이라고만 인식해도 충분하다. 이런 수학적 개념으로 만들어진 직선을 아주 캐주얼하게 표현하면 '딱 적절한 곳에 그어진 직선'이라고 할 수 있다. '다소의 오차가 있지만 대략 이런 경향이 있다.'라는 것을 나타낸다.

'딱 적절한 정도'를 정한다는 발상은 일상생활에서도 자주 활용된다. 예를 들어, 가격 흥정을 할 때 100만 원으로 제안한 서비스에 대해 고객이 80만 원밖에 예산이 없다고 난색을 보인다면 '딱 적절한 정도'인 90만 원으로 합의를 보는 경우가 많다. 혹은 회의에서 여러 가지 의견이 엇갈릴 때 모든 의견과 가장 가까운 '딱 적절한 의견'으로 결론 내리기도 한다. 사는 곳이 제각각인 친구들과의 약속 장소를 중간 지점으로 정하는 것도 '딱 적절한 곳'을 찾으려는 발상이다.

위 사례들의 공통점은 '흩어져 있는 모든 점에서 가장 가깝도록 그은 직선'을 염두에 둔다는 것이다. 일상생활에서 흔히 하는 '교섭'이나 '조정'도 사실 훌륭한 수학적 사고다.

'함수'가 아니라 '관련짓기'

함수를 만드는 행위는 단순히 '수식을 만드는 것'이 아니라 '무언가와 무언가를 관련짓는 행위'다. 그것이 함수의 본질을 더 잘 드러낸다.

기온과 뜨거운 커피의 판매량 이야기를 또 해보자. 'y=-ax+b'라는 수식은 다름 아닌 '기온'과 '뜨거운 커피 판매량'을 관련지은 결과다.

또 다른 예를 들어보자. 우리는 지금까지의 인생에서 수많은 사람으로부터 영향을 받았다. 그 영향의 합계가 지금의 우리를 구축했다고 할 수 있다. 가장 커다란 영향을 준 사람은 가족일 테고, 그다음은 좋은 관계를 맺은 친구일 것이다. 어쩌면 부정적인 영향을 준 '나쁜 친구'

도 있을 수 있다. 가족과 친구를 비교했을 때 더 커다란 영향력이 있는 쪽은 가족이다. 가령 가족의 영향력이 친구보다 두 배 더 크다면, '당신이 남들로부터 받은 좋은 영향'이라는 개념은 다음과 같은 관련짓기로 표현할 수 있다.

(당신이 남들로부터 받은 좋은 영향) = 2 × (가족으로부터 받은 영향) + (좋은 친구로부터 받은 영향) - (나쁜 친구로부터 받은 영향)

가족에게서 애정을 듬뿍 받고 좋은 친구를 사귄 사람은 분명히 긍정적인 영향(덧셈)을 많이 받았을 것이다. 반면에 나쁜 친구를 사귄 사람은 부정적인 영향(뺄셈)을 많이 받았을 수밖에 없다. 가족과의 시간을 소중히 여기고 좋은 친구를 가려 사귀는 것이 인생에서 매우 중요하다는 사실을 보여준다.

와인 품질에 관한 예측 방법도 이와 비슷하다.

와인의 품질 = (0.00117 × 겨울 강우량) + (0.06164 × 육성

기 평균 기온) − (0.00386 × 수확기 강우량) + (0.02385 × 숙성 햇수) − 12.145

　이 수식은 와인 품질이 요컨대 '겨울 강수량' '육성기 평균 기온' '수확기 강우량' '숙성 햇수'로부터 영향을 받는다고 설명한다. 덧셈인 '겨울 강우량' '육성기 평균 기온' '숙성 햇수'는 긍정적인 영향을 주는 요인이고, 뺄셈인 '수확기 강우량'은 부정적인 영향을 주는 요인이다.

　조금 더 일상적인 사례로 관련짓기를 해보자. 일반적인 회사원이라면 월급이라는 형태로 매월 지급되는 금액만큼이 수입이다. 만약 회사가 수익을 올리지 못한다면 월급은 존재할 수 없다. 그리고 회사의 수익은 모든 직원이 열심히 일해서 발생한 것이다. 즉, 모든 직원의 노력으로 얻은 이익을 모든 직원에게 배분한 것이 개개인의 월급이다.

　(당신의 월급) = (모든 직원의 노력으로 얻은 이익) ÷ (모든 직원)

지금까지 몇 가지 예를 들어보았다. 모든 예의 공통점은 사칙연산(+, -, ×, ÷)으로 여러 가지 요인들을 관련짓고 '이런 관계로 이루어져 있습니다.'라고 설명한다는 점이다. 이것이 '관련짓기(모델화)'의 개념이다.

자습 문제를 하나 풀어보자. 정답은 굳이 제시하지 않겠다. 일상에서도 회사에서도 다양한 관련짓기를 찾아보기 바란다.

자습 문제

당신은 직원을 고용하는 경영자다. '직원 만족도'를 다른 무언가와 관련지어 사칙연산으로 표현하시오. 어떤 요인이 증가하거나 감소하면 '직원 만족도'가 변화할 것인가?

왜
'관련짓기'를 하는가?

왜 우리는 '관련짓기'를 하는 것일까? 삶이나 업무에 이득이 없다면 그런 행위를 할 필요가 없니. 빌근 더 만히 자면, 우리는 '목적을 달성하기 위해 무엇을 해야 할까?'라는 질문에 답을 찾으려 '관련짓기'를 한다.

앞에서 살펴본 아르바이트 직원의 근무 기간과 업무 실력의 관계를 떠올려보자. 기간이 길어질수록 성장은 둔화한다. 즉, $y=\sqrt{x}$라는 함수가 된다. 만약 이 식이 올바르다면 아르바이트 직원을 더욱 성장시키기 위해(당신의 업무를 더 원활히 진행하기 위해) 무엇을 해야 할까?

$y=\sqrt{x}$라는 함수가 변하지 않는 이상, 시간이 갈수록 새로운 성장을 기대할 수 없다. 그러므로 완전히 다른 업

무나 역할을 담당하게 하는 게 좋다.

- 달성하려는 목적: 아르바이트 직원을 더욱 성장시
  킨다.
- 목적을 달성하기 위해 해야 할 일: 완전히 다른 업무
  를 준다.

우리는 일상 속에서 이러한 수학적 사고를 당연하듯
해내고 있다. 그 배경에 '함수'와 '관련짓기'가 존재한다.

이어서 다음의 식도 고찰해보자.

(당신이 남들로부터 받은 좋은 영향) = 2 × (가족으로부
터 받은 영향) + (좋은 친구로부터 받은 영향) - (나쁜 친구
로부터 받은 영향)

앞에서 설명했듯이, 만약 행복한 인생을 살고 싶다면
가족과 시간을 많이 보내고 나쁜 친구와 가능한 한 거리
를 둬야 한다. 이 식을 통해 행복이라는 목적을 위해 해
야 할 일이 명확해진 셈이다. 다음 식도 살펴보자.

(당신의 월급) = (모든 직원의 노력으로 얻은 이익) ÷ (모든 직원)

만일 이 관련짓기가 올바르다고 가정한다면, 월급을 더 받고 싶을 때 무엇을 해야 할까? 회사 수익을 늘리거나 직원을 줄이거나, 혹은 둘 다일 것이다. 하지만 우리에게는 직원을 줄일 권한이 없다. 그렇다면 회사의 수익을 늘리는 방법밖에 남지 않는다. 수익을 더 낼 수 있는 신규 사업을 경영진에게 제안할 수 있다. 혹은 수익이 높고 직원이 적은 기업을 찾아 이직하는 것도 방법이다. 이 식을 통해 '회사원으로서의 전략'을 세울 수 있다. 월급인상이라는 목적을 위해 해야 할 일이 명확해진 셈이다.

상품을 잘 팔려면
어떤 행동을 해야 하는지 알 수 있다

조금 더 업무와 관련된 실용적인 예를 들어보자. 영업 직원이 상품을 잘 팔려면 어떤 행동을 취해야 할까? 일단 '의사소통 기술'이 좋아야 한다. 의사소통 기술은 '잡담 능력'과 '프레젠테이션 능력'으로 분해할 수 있다. '잡무'는 되도록 줄이는 편이 좋다. 꼭 본인이 아니더라도 할 수 있는 단순 작업은 가능한 업무에서 배제해야 한다. 모든 업무는 최대한 짧은 시간에 효율적으로 끝낸다. 이를 바탕으로 영업 직원의 실력을 모델화해보자.

(영업 직원의 실력) = {(잡담 능력) × (프레젠테이션 능력) - (잡무)} ÷ (소요 시간)

만약 내가 위와 같은 상황이라면 어떻게 할 수 있을까. '잡담 능력'과 '프레젠테이션 능력' 중 어느 쪽이 우선인지 결정하고 곧바로 관련 서적이나 강의를 찾아서 능력을 높이기 위한 공부를 시작한다.

잡무는 남에게 맡기거나 자동으로 처리되도록 시스템을 구축한다. 동시에 업무 효율화를 위해 시간 활용법을 처음부터 재검토한다. 또한, 일 잘하는 선배를 관찰하면서 업무 기술을 흉내 내본다.

이처럼 관련짓기는 '목적을 달성하기 위해 무엇을 해야 할까?'라는 질문에 답을 찾는 데 꼭 필요하다. 단순히 "상품을 잘 팔도록 노력하겠습니다."라는 말로는 아무리 시간이 지나도 변할 수 없다. 관련짓기로 돌파구를 찾아야 한다.

관련짓기라는 사고 습관을 들이면 목적을 달성하는 데 큰 도움이 된다. 앞항의 자습 문제를 풀며 관련짓기에 대해 생각해보았다면 이어서 다음 자습 문제도 풀어보자.

당신은 직원을 고용하는 경영자다. '직원 만족도'를 높이기 위해서 구체적으로 무슨 행동을 취해야 하는가?

'좋은 인재란?'
수학적으로 설명하라

이제부터 연습 문제를 중심으로 진행하겠다. 꼭 시간을 들여 자신의 힘으로 풀어보기 바란다. 사람는 눈으로 보고 귀로 들은 답은 금방 잊어버리지만, 직접 머리를 써서 스스로 찾아낸 답은 뇌에 각인되어 평생 기억한다.

'좋은 인재'란 어떤 사람을 가리키는 것인가? 사칙연산(+, -, ×, ÷)을 사용해 표현하시오.

_____

_____

사칙연산 기호로 표현하라는 것은 곧 수학적 사고를 하라는 말과 같다. 수학적 사고는 정의에서부터 출발한다. 제1장에서 설명했듯이, 정의는 '○○란 ~~이다.'라고 언어화하는 행위다.

'좋은 인재'란 ＿＿＿＿ 사람이다.

'좋은 인재'는 업종에 따라 다양하다. 일반적인 '좋은 인재'를 생각하기보다 지금 종사하는 업무 분야에서 '좋은 인재'란 무엇인지 생각해보자. 그러면 더 구체적인 정의가 나올 것이다.

나의 업무 분야인 기업 연수 업계에서 활약하는 '프로 강사'를 예로 들어보겠다. 이 분야에서 '좋은 인재'란 '좋은 강사'와 동의어다. '좋은 강사'는 다음과 같이 정의할 수 있다.

A. '좋은 강사'는 그 분야의 지식이 풍부한 사람이다.
B. '좋은 강사'는 자신이 아닌 청중을 주인공으로 만들 수 있는 사람이다.

C. '좋은 강사'는 누구보다 강연 자리를 즐길 줄 아는 사람이다.

A는 너무 당연한 말이라서 굳이 설명할 필요도 없다. B는 내가 매우 중요하게 여기는 사고방식이다. 특히 비즈니스 관련 연수나 강좌에서는 나름대로 화려한 경력을 쌓아온 자부심 넘치는 사람들이 청중으로 참가한다. 그런 청중을 조연으로 밀어내고 강사 본인이 스타처럼 행동하는 것은 매우 큰 잘못이다. 거만한 태도로는 아무리 올바른 말을 해도 청중에게 받아들여지지 않는다.

C는 누구나 공감할 수 있는 요소가 아닐까 싶다. 청중은 일단 즐거운 강연을 듣고 싶어 한다. 강연 자리를 즐기는 강사에게 배우고 싶은 것은 너무나 자연스러운 일이다.

이 세 가지 요소는 모두 중요하며, 가능하면 다 겸비하는 편이 좋다. 겸비라는 것은 A, B, C 모두 갖춘다는 뜻이므로 덧셈(+)의 개념으로 표현할 수 있다.

덧붙여, 주관적으로 중요도에 차이를 매긴다면 가장 중요한 요소는 C이고, 그다음이 B이고, 마지막이 A다.

엄청난 전문 지식을 갖추고 실무에서도 큰 활약을 펼치는 사람이 꼭 강사로 성공하리라는 보장은 없다. A의 중요도를 '1'로 매겼다면 B의 중요도는 '2', C의 중요도는 '5'가 될 것 같다. 나는 그만큼 C가 중요하다고 생각한다. 정리하면 다음과 같은 관련짓기로 '좋은 강사는 이런 관계로 이루어져 있습니다.'라고 설명할 수 있다.

'좋은 강사' = A + 2B + 5C

나는 '비즈니스 수학 지도자 제도'를 구축하고 강사를 양성 중인데, 그 강좌에서 수강생에게 전문 지식을 가르치지 않는다. 주로 강사로서의 태도와 마음가짐, 행동거지에 관해 가르친다. 위의 수식이 그 이유를 말해준다.

다시 묻겠다. 여러분의 업무 분야에서 '좋은 인재'란 어떤 사람일까? '좋은 인재'를 관련짓기로 표현하는 데 성공했다면, 그다음으로 당신이 그 '좋은 인재'가 되기 위해 무엇을 해야 할지 고민해보기 바란다. 이 연습 문제는 우리가 성장하기 위한 힌트를 찾는 데 많은 도움이 될 것이다.

'과제에 대한 의욕'을
수학적으로 설명하라

해야 한다고 알고 있지만 좀처럼 시작하지 못하는 경우가 있다. 예를 들어, 여름방학 숙제가 그렇다. 여러분은 여름방학 숙제를 미리 끝내놓는 스타일인가? 아니면 개학 직전까지 미루다가 조바심 내며 한꺼번에 해치우는 스타일인가? 이번에는 이런 주제에 관해 생각해보자.

연습 문제

'과제에 대한 의욕'을 어떤 식으로 표현할 수 있을까?

'관련짓기'를 꼭 사용해 대답해보자. 어떤 과제가 눈앞에 있을 때 느껴지는 '의욕'의 크기를 무엇으로 정할지 생각하고, 사칙연산(+, -, ×, ÷)으로 관련짓기를 한다. 의욕이 있을 때와 없을 때의 차이를 정리해본다.

- 과제에 대한 '의욕'이 있을 때: 그것을 잘할 때, 그것이 곧바로 필요할 때, 그것이 자신에게 큰 이득이 될 때
- 과제에 대한 '의욕'이 없을 때: 그것을 잘하지 못할 때, 그것이 곧바로 필요하지 않을 때, 그것이 자신에게 별로 이득이 안 될 때

세 가지 요인으로 의욕의 크기가 정해진다면 각각을 '숙련도' '긴급성' '이득'이라고 이름 붙여보겠다. 일단 '숙련도'가 클수록 '의욕'이 커진다. 누구나 능숙하지 않은 일을 하려면 마음이 편치 않다. 이어서 '긴급성' 역시 클수록 '의욕'이 커진다고 생각한다. 개학이 닥쳐서 여름방학 숙제를 하는 사람은 이 요인이 강하게 작용한다. 마지막으로 '이득'도 마찬가지다. 사람은 손해와 이득에 매우

예민하게 반응한다. 이득 없는 일을 일부러 하는 사람은 매우 적을 것이다. 이제 세 요인을 관련짓기 해보자.

'과제에 대한 의욕' = (숙련도) + (긴급성) + (이득)

'과제에 대한 의욕' = (숙련도) × (긴급성) × (이득)

덧셈(+)과 곱셈(×)으로 관련지은 두 가지 수식을 생각할 수 있다. 하지만 곱셈(×)은 현실적이지 않다. 과제가 매우 힘들다면 '숙련도'가 0이 될지 모른다. 하지만 '의욕' 자체가 0이 되기는 쉽지 않다. 예를 들어, 긴급하고 그것을 해낼 때 급여가 늘어난다면, 숙련도가 0이라도 의욕이 생길 수밖에 없다.

'숙련도' '긴급성' '이득'의 중요도에 따라 서로 다른 가중치를 부여하는 방법도 고민해볼 수 있다. 하지만 이에 관해서는 개별적으로 다르다고 결론이 난다. 어린아이라면 '숙련도'가 의욕에 큰 영향을 끼친다. 어린아이는 공부나 운동을 잘하면 누가 시키지 않아도 신이 나서 하지만, 못하면 전혀 하려 하지 않는다. 어린아이는 어떤 의미에서 매우 솔직하기 때문이다. 반면, 시간과 업무에 쫓기는

회사원이라면 오히려 '긴급성'이나 '이득'이 의욕에 큰 영
향을 끼친다.

'과제에 대한 의욕' = (숙련도) + (긴급성) + (이득)

이것이 연습 문제에 대한 일차적인 답이다. 너무 간단
해서 시시하다고 느끼는 이를 위해 또 다른 답도 소개하
겠다. 심리학자 피어스 스틸(Piers Steel)은 '의욕'이 다음
과 같은 식으로 정해진다고 주장했다.

'과제에 대한 의욕' = (달성 확률 × 가치) ÷ (충동성 × 마감
까지의 시간)

'달성 확률'은 과제를 성공적으로 해낼 가능성이다. 해
낼 수 있다는 생각이 들지 않는 과제에는 소극적으로 나
설 수밖에 없다. '가치'는 앞에서 등장한 '이득'과 거의 같
은 개념이다. 가치 있는 과제에는 의욕이 생기지만, 가치
없는 과제에는 의욕이 생기지 않는다.

한편 과제를 미루는 사람의 특징으로 충동성을 꼽을

수 있다. 충동적으로 움직이는 사람은 해야 할 일에 대한 계획성이 부족하고 뒤로 미루는 습성이 강하다. 당연히 기한에 여유가 있으면 뒤로 미루는 경우가 많고 과제에 대한 의욕도 낮아진다.

달성 확률이 높을수록 그리고 가치가 클수록 의욕은 커지고, 충동성이 클수록 그리고 마감까지의 시간이 길수록 의욕은 작아진다. 피어스 스틸의 방식이 개인적으로는 매우 괜찮은 설명이라고 생각한다.

여러분도 자신만의 식을 고안해보기 바란다. 자녀가 있다면 아이의 의욕을 높이기 위해 무엇이 필요한지 생각해보는 것도 좋다. 혹은 회사에서 부하의 의욕을 높이기 위해 무엇을 해야 할지 궁리해보는 것도 추천한다. 자녀나 부하의 능력을 잘 끌어내는 사람은 분명히 무의식 중에 수학적 사고를 활용하고 있을 것이다.

수학적 사고는
매우 섹시하다

이제 이번 장을 마무리하겠다. 나는 제1장에서 '수학적 사고'를 '수학적인 사고'로 설명한 바 있다.

(※)
수학적 사고
＝{정의}×{분석}×{체계화}
＝{정의}×{(분해)＋(비교)}×{(구조화)＋(모델화)}

'수학적 사고는 이런 관계로 이루어져 있습니다.'라고 설명함으로써 수학적 사고를 익히기 위해 배워야 할 것이 무엇인지, 수학적 사고를 통해 달성해야 할 목표가 무엇인지 명확해졌다. 즉, '목적을 달성하기 위해 무엇을 해야 할까?'라는 질문에 답을 찾는 것이다. 이 식을 토대로 구성한 이 책을 지금까지 잘 따라와 주어 고맙다.

뜬금없지만 나는 수학적 사고가 매우 섹시하게 느껴진다. 도대체 어떻게 생겼고 어디에 무엇이 있는지 전혀 알 수 없는 상태의 것을 눈앞에 두었을 때, 그 모습을 조금씩 밝히는 것이 수학적 사고다.

수학적 사고는 결국 '이런 구조로 이루어져 있습니다.'라면서 미지의 대상을 누가 봐도 이해할 수 있는 상태로 만들어준다. 그것은 마치 보이지 않거나 숨겨져 있던 것을 끄집어내는 듯한 느낌이다. 이것이 내가 생각하는 수학의 재미다. 이 재미를 알아버린 사람은 수학적 사고에 정신없이 몰두하게 된다. 철저히 빠져들어 여러 가지를 찾아내려고 한다. 아주 중독성이 강하다.

나는 '직접 머리를 써서 스스로 답을 찾아야 한다.'라고 강조한다. 직접 답을 찾아내는 경험이 쌓여야 수학적 사고가 몸에 밴다. 직접 답을 찾는 트레이닝이 중요하며, 이 책에 많은 연습 문제와 자습 문제를 수록한 이유다.

물론 수학적 사고에 너무 중독되면 안 된다. 뭐든지 지나치면 독이 되는 법이니까 말이다. 다만 한 가지 분명히 전하고 싶은 것이 있다.

도대체 어떻게 생겼고 어디에 무엇이 있는지 전혀 알 수 없는 상태의 것을 조금씩 밝혀내고 결국에는 누가 봐도 이해할 수 있는 상태로 만들었을 때, 여러분은 분명히 쾌감을 느낄 것이다. 인간은 살아 있는 한 쾌감을 추구한다. 수학적 사고를 통한 지적 쾌감은 인생을 풍요롭게 해준다.

이 책에서 소개한 수학적 사고는 단순히 업무에 활용하거나 문제를 해결하거나 사고력을 키우는 게 최종 목표가 아니다. 궁극적으로 인생에 쾌감을 선사하고 가치 있는 삶을 살아가는 것이 목표이다.

Note

답을 내놓는
힘의 정체

마지막까지 읽어주어서 매우 감사하다. 이 책을 덮기 전에 잠깐만 시간을 더 내줬으면 좋겠다. 여러분에게 매우 중요한 트레이닝이 남아 있기 때문이다.

'자아 찾기'를 하고 있는가?

예전부터 '자아 찾기'라는 말에서 위화감을 느꼈다. 10년 전에 이별한 가족을 찾는 것도 아니고, 왜 굳이 자기 자신을 찾아야 하는지 알 수 없었다. '자아 찾기'는 아마도 자신의 적성이나 길을 찾는다는 의미일 것이다. 그렇다고 하더라도 위화감을 떨칠 수 없다. 왜냐하면 물음에 대한 답은 찾는 것이 아니라, 스스로 내놓는 것이기 때문이다.

우리는 '찾는다'는 말을 핑계로 스스로 답 내놓기를 피하고 있는 건 아닐까? 이렇게 생각하는 내가 너무 고지식한 인간인 걸까? 왜 사람들은 스스로 답 내리리기를 회피할까? 조금만 더 내 지론을 들어주기 바란다.

이 책의 주제인 '수학적 사고'는 어려운 질문에 관한 답을 내놓는 데 도움이 된다. 어떻게 하면 매출이 오를까? 어떻게 하면 직원의 의욕을 높일까? 어떻게 하면 행복해질까? 수학적 사고는 이런 종류의 물음에 답을 내놓는 데 공헌한다.

한편, 수학적 사고는 매우 무력하다. 스스로 답 내놓기를 피해버리거나, 기껏 답을 내놓더라도 행동으로 옮기지 않는 사람도 있기 때문이다. '자아 찾기'라는 말로 도망쳐서 답 내놓기를 뒤로 미루거나, 모처럼 내놓은 답에서 등 돌려 또 다른 '자아 찾기'로 되돌아가기도 한다.

결혼, 이혼, 이사, 이직 등 인생에 커다란 변화를 가져다줄 주제에 관해 제대로 고민해야 한다고 느끼면서도,

어느덧 바쁜 일상에 파묻혀 미적대고 만다. 다들 마음 한구석이 찔릴 것이다. 나 역시 그렇다.

인간이라서 어쩔 수 없는 면도 있다. 지극히 인간다운 모습이다. 그러나 나는 구태여 묻고 싶다. 왜 인간은 답을 내놓거나 행동으로 옮기기를 피해버리는가? 그것은 바로 '행동은 고통을 수반하기 때문'이다.

'정답 찾기'의 구조

이직을 고민하는 사람이 있다고 하자. 지금이 아주 불만스러운 것은 아니지만 도전하고 싶은 마음도 있다. 고민 끝에 답을 내고 실제로 이직했다. 유감스럽게도 이직한 직장에서의 생활은 상상과 달랐다. 이때 그는 아마도 이직에 실패했다고 결론 내릴 것이다.

누구나 실패를 두려워한다. 즉, 답을 내놓는 행위는 공포와의 싸움에 스스로 뛰어든다는 의미다. 인생은 행동하지 않으면 고통을 느끼지 않지만, 행동하면 고통스러운 경우가 허다하다. 어떤 행동을 하든 필연적으로 결과가 나타난다. 원하던 결과일 때도 있고, 원치 않던 결과일 때도 있다. 후자는 '고통'을 수반한다. 누구든 고통을 원치 않으며, 그것은 공포일 뿐이다. 이럴 때 우리는 '정답 찾기'의 구조에 대해 생각해봐야 한다.

답을 내놓고 행동해야 한다 → 그것은 두렵다 → 그래서 '답'을 내놓지 않는다 → 절대 실패하지 않는 정답을 원한다 → 어딘가에 정답이 없을지 찾아다닌다 → 그러나 그런 정답은 존재하지 않는다

바로, 이것이 '정답 찾기'의 구조다.

답을 내놓는 힘

우리에게 진정으로 필요한 것은 공포를 이기는 강한 마음이다. 스스로 답을 내놓는 힘은 사고력이 아니라 인간의 강한 마음에서 비롯된다.

답을 내놓는 힘 ≠ 수학적 사고

답을 내놓는 힘 = 수학적 사고 + 공포를 이기는 강한 마음

여러분은 진정한 의미의 '답을 내놓는 힘'을 지니고 있는가?

정의한다.

분해한다.

비교한다.

구조화한다.

모델화한다.

이 다섯 가지 행동을 조합하면 여러분은 앞으로 정답 없는 질문에 몇 번이든 대답할 수 있다. 하지만 그것은 답을 내놓는 행위의 극히 일부에 불과하다. 답은 찾는다고 찾아지는 게 아니다. 답은 자신의 힘으로, 도망치지 않고, 만들어내는 것이다.

이제 슬슬 헤어질 시간이다. 아까 여러분에게 매우 중

요한 트레이닝이 남아 있다고 말했다. 이 트레이닝은 사실 '실전'을 의미한다. 지금 당장은 아니더라도 언젠가 때가 되면 도망치지 말고 스스로 답을 내려보길 바란다. 물론 나 역시 계속 그렇게 도전할 것이다.

당신이 지금까지 답 내리기를 피하던 주제는 무엇인가? 수학적 사고를 활용해 답을 내놓으시오.

_____

_____

_____

_____

_____

_____

_____

_____

_____

우리에게는 수학적 사고가 필요하다

2021년 9월 8일 1판 1쇄 인쇄
2021년 9월 24일 1판 1쇄 발행

지은이 | 후카사와 신타로
옮긴이 | 이용택

펴낸이 | 이종춘
펴낸곳 | **BM** (주)도서출판 **성안당**
주소 | 04032 서울시 마포구 양화로 127 첨단빌딩 3층 (출판기획 R&D 센터)
　　　 10881 경기도 파주시 문발로 112 파주 출판 문화도시 (제작 및 물류)
전화 | 031)950-6367
팩스 | 031)955-0510
등록 | 1973.2.1. 제406-2005-000046호
출판사 홈페이지 | **www.cyber.co.kr**
투고 및 문의 | **andpage@cyber.co.kr**
ISBN | 978-89-315-8605-3 (03190)
정가 | 15,000원

이 책을 만든 사람들
책임 | 최옥현
기획 편집 | 김수연, 이보람
디자인 | 형태와내용사이
국제부 | 이선민, 조혜란, 권수경
영업 | 구본철, 차정욱, 나진호, 이동후, 강호묵
마케팅 | 박지연
홍보 | 김계향, 유미나, 서세원
제작 | 김유석

■도서 A/S 안내

성안당에서 발행하는 모든 도서는 저자와 출판사, 그리고 독자가 함께 만들어 나갑니다.
좋은 책을 펴내기 위해 많은 노력을 기울이고 있습니다. 혹시라도 내용상의 오류나 오탈자 등이 발견되면
"좋은 책은 나라의 보배"로서 우리 모두가 함께 만들어 간다는 마음으로 연락주시기 바랍니다. 수정 보완하여
더 나은 책이 되도록 최선을 다하겠습니다.
성안당은 늘 독자 여러분들의 소중한 의견을 기다리고 있습니다. 좋은 의견을 보내주시는 분께는 성안당 쇼핑몰
의 포인트(3,000포인트)를 적립해 드립니다.

잘못 만들어진 책이나 부록 등이 파손된 경우에는 교환해 드립니다.